四川师范大学学术著作出版基金资助

光明社科文库
GUANGMING DAILY PRESS:
A SOCIAL SCIENCE SERIES

·经济与管理书系·

中国绿色能源产业发展研究

基于企业、民众和宏观三个层面的实证分析

张　焱┃著

光明日报出版社

图书在版编目（CIP）数据

中国绿色能源产业发展研究：基于企业、民众和宏观三个层面的实证分析 / 张焱著 . -- 北京：光明日报出版社，2025.1. -- ISBN 978－7－5194－8485－9

Ⅰ. F426.2

中国国家版本馆 CIP 数据核字第 20250G3X57 号

中国绿色能源产业发展研究：基于企业、民众和宏观三个层面的实证分析
ZHONGGUO LÜSE NENGYUAN CHANYE FAZHAN YANJIU：JIYU QIYE、
MINZHONG HE HONGGUAN SANGE CENGMIAN DE SHIZHENG FENXI

著　者：张　焱

责任编辑：李　倩　　　　　　　　　责任校对：李壬杰　李学敏
封面设计：中联华文　　　　　　　　责任印制：曹　净

出版发行：光明日报出版社

地　　址：北京市西城区永安路 106 号，100050

电　　话：010-63169890（咨询），010-63131930（邮购）

传　　真：010-63131930

网　　址：http://book.gmw.cn

E－mail：gmrbcbs@gmw.cn

法律顾问：北京市兰台律师事务所龚柳方律师

印　　刷：三河市华东印刷有限公司

装　　订：三河市华东印刷有限公司

本书如有破损、缺页、装订错误，请与本社联系调换，电话：010-63131930

开　　本：170mm×240mm

字　　数：233 千字　　　　　　　　印　　张：13

版　　次：2025 年 1 月第 1 版　　　　印　　次：2025 年 1 月第 1 次印刷

书　　号：ISBN 978－7－5194－8485－9

定　　价：85.00 元

序 言

能源是经济发展的动力，也是社会经济运行与人类生存与发展的基础，更是社会稳定与国家安全的重要物质保证。能源的短缺是社会动荡的开始，20世纪70年代和80年代接连爆发了两次石油危机，石油输出国组织（简称"欧佩克"）因不满以美国为首的西方国家的中东政策，对西方国家采取石油禁运的措施，这导致了石油的价格从几美元一桶迅速提高到30多美元一桶，进而导致缺油国家的工业生产成本大幅度上升，出现了因为石油短缺而导致经济衰退的现象。中国是少油国家，经济发展所需石油基本依靠国外进口，在石油主导权被中东以及西方国家掌控的背景下，中国的经济发展犹如悬着一把利剑。中国煤炭资源丰富，正是由于资源禀赋的限制，煤炭是中国主要的消费能源，但随着中国城镇化、工业化、现代化建设的不断深入，煤炭消耗对生态环境的影响也日益突出，二氧化碳排放总量已经跃居世界首位。在此背景下，中国政府高度重视经济增长与环境恶化的矛盾问题，并将该问题定位为中国国民经济与社会发展的根本问题。在经济发展、能源安全、气候变化和可持续发展的多重压力之下，中国发展绿色能源势在必行。然而，面对全球性的竞争和本土化的挑战，中国绿色能源产业在实践中仍然面临着复杂的问题。如何在市场竞争中脱颖而出，如何提高民众对绿色能源的认同度，如何在宏观层面构建有力的政策框架，这些问题亟待深入研究。

为了更全面地理解中国绿色能源产业的现状和前景，本书采用了基于企业、民众和宏观三个层面的实证分析方法。我们深入挖掘企业在技术创新、市场竞争和可持续发展方面的经验，聚焦于民众对绿色能源的态度和参与程度，同时分析政府在宏观层面的政策制定和执行对产业的影响。这一多层次、多视角的研究框架旨在为读者提供一个全景式的绿色能源产业图景。

首先，本书从企业层面出发，对中国绿色能源产业的现状进行了深入的研究。通过对中国企业在绿色能源领域的投资、技术创新、劳动力投入和市场需求等方面的分析，揭示了中国企业在绿色能源产业发展中所面临的机遇和挑战。

其次，本书从民众层面出发，对中国绿色能源产业的市场需求和消费行为进行了实证分析。通过对民众对绿色能源的认知、态度和购买意愿的调查和研究，本书揭示了民众对绿色能源的需求和消费行为的影响因素。同时，本书还对民众对绿色能源政策的支持程度和参与度进行了评估，为政府制定相关政策提供了有益的参考。最后，本书从宏观层面出发，对中国绿色能源产业的发展环境进行了实证分析。通过对中国政府在绿色能源产业政策制定、法律法规建设、财政补贴等方面的研究，本书揭示了中国政府在推动绿色能源产业发展中所采取的政策和措施。同时，本书还分析了绿色能源消费与经济增长之间的关系呈向右上倾斜的"N"字形，且没有拐点，表明绿色能源消费对经济增长的影响并不会像煤炭能源那样会出现"增长极限"的问题，绿色能源消费量的增加对经济增长的促进作用是可持续的。

本书的研究方法严谨，数据来源可靠，具有较高的学术价值和实践意义。通过对企业、民众和宏观三个层面的实证分析，本书为中国绿色能源产业的发展提供了全面而深入的认识，为相关领域的学者、企业和政府部门提供了有益的参考。然而，我们也要清醒地认识到，中国绿色能源产业的发展仍然面临着许多挑战和困难。在全球经济一体化的背景下，中国绿色能源产业需要进一步加强国际合作，提高技术创新能力，加强市场竞争力，以应对国际竞争的压力。同时，中国政府还需要进一步完善绿色能源产业的政策体系，加大对绿色能源产业的支持力度，为绿色能源产业的发展创造更加有利的环境。

希望本书能够为读者提供有价值的信息和观点，激发读者对绿色能源产业发展的兴趣和思考。同时，也希望本书能够为相关领域的学者、企业和政府部门提供有益的参考，为中国绿色能源产业的发展做出贡献。

张　焱

2024 年 1 月 18 日

目 录
CONTENTS

第一章

绪　论

第一节　研究背景及意义

一、研究背景

能源是经济发展的动力，也是社会运行与人类生存、发展的重要物质基础，更是社会稳定与国家安全的重要保障。人类的能源利用经历了从薪柴时代到煤炭时代，再到油气时代的演变，在能源使用总量不断增加的同时，能源结构也在不断变化。能源时代的每一次变化都伴随着生产力的巨大飞跃，这极大地促进了人类经济和社会的发展。进入 21 世纪后，随着发展中国家城市化、工业化进程不断加快，能源已经成为世界经济发展的命脉，在当今世界经济中的战略地位上升到无可比拟的高度。

蓬勃发展的中国经济推动了世界能源需求的快速增长，能源供需矛盾日益尖锐，对外依存度逐年攀升，供需形势十分严峻。1993 年中国能源对外贸易结构发生了根本性的转变，即由石油净出口国转变为净进口国，这种转变意义重大，它标志着中国本国的能源生产已经满足不了国内经济发展的能源需求。自 1993 年之后中国净进口石油的贸易状态再也没有发生过改变。根据《BP 世界能源统计》（2016）统计数据显示，在过去的 10 年里，中国能源消耗总量每年以 9% 的速度快速增长，2007 年中国能源消耗总量超过欧盟，2010 年超过美国，进而成为世界上能源消耗量最大的国家。2009 年中国能源对外贸易出现了第二次大转变，即中国由煤炭净出口国变成了煤炭净进口国。我们都知道中国是一个地大物博、资源丰富的国家，资源总量占据优势的煤炭在今天却变成了一种相对短缺的资源。在资源消耗量剧增的同时，由于大规模使用化石能源所带来的温室效应问题也在全球范围内引起了广泛的关注。在 2009 年哥本哈根气候会议后，中国政府便提出了低碳减排计划，到 2020 年国内单位生产总值的碳排放量要比 2005 年降低 40%~50%。2016 年巴黎气候峰会后，中国在原来碳排放计划的基础上又制定了新的碳排放目标，即在 2005 年的基础上要降低 60%~65% 的碳排放。此外，化石能源的大规模使用不仅仅导致全球平均温度的升高，其所排放的空气污染物也是危害人们健康的罪魁祸首。根据世界卫生组织研究，中国每年因为雾霾死亡的人数达到了 110 万，占总死亡人数的 17%。

在经济发展、能源安全、气候变化和可持续发展的多重压力之下，一方面需要足够的能源来进行经济发展，另一方面又要控制传统化石能源的消耗量。面对这样一种前后两难的困境，中国与世界其他国家除了提高化石能源的使用效率外，都在大力寻找清洁能源降低对化石能源的依赖，在这种背景下，绿色能源成了世界各国政府的选择。

二、研究意义

理论意义：在理论方面，研究绿色能源发展是对可持续发展的重要补充和完善，中国的发展目标是要全面建设小康社会，最终实现经济、社会、环境及人类的协调发展。为了实现这个发展目标，需要在资源与经济可持续发展的各个方面加以探讨。本研究结合国民经济学、西方经济学、能源经济学、计量经济学等多学科的分析方法，选择绿色能源作为主要的研究对象，既是对可持续发展理论的补充，也为政府能源政策的制定提供了理论依据。

现实意义：中国地大物博，资源总量在世界排名靠前，从这个角度看中国是一个资源丰富的国家。但是中国人均资源拥有量远低于世界平均水平，因此中国是一个资源禀赋较差的国家。另外，中国自改革开放以来，高强度能源消耗、环境污染的生产方式虽然促使经济高速增长，但是环境污染和资源短缺的矛盾也越发明显。因此，促进绿色能源的发展、保护环境对中国可持续发展具有深刻的现实意义。本研究以绿色能源为研究对象，从宏观层面和企业层面研究了绿色能源发展的影响因素，从而对促进绿色能源发展，提高绿色能源所占总能源的比例提供了一定的依据。此外，在需求侧方面以民众对绿色能源政策的态度倾向与民众对绿色能源的支付意愿为研究领域，研究了民众对能源的关心程度，对能源基本知识的普及程度，对能源政策的理解、政策意向，以及对绿色能源的支付意愿等，这些调查结果也对政府政策的制定与实践提供了参考价值。

第二节　研究内容与框架

一、研究内容

本研究主要内容由九个章节组成，每个章节具体内容如下：

第一章：绪论。介绍论文的研究背景与研究意义，在此基础上概括了本研究的研究内容并拟出了研究框架，最后阐述了本研究的研究创新与不足。

第二章：首先对绿色能源和产业政策两个关键词的内涵和概念进行了总结，并阐述了绿色能源与产业政策的关系。然后对本研究的理论基础做了介绍，包括可持续发展理论、市场失灵理论、产业管制理论与产业组织理论。其次从四个方面进行了文献综述：一是绿色能源产业发展研究综述；二是绿色能源企业发展的影响因素；三是民众对绿色能源支付意愿的研究；四是绿色能源消费与经济增长关系研究综述。

第三章：本章阐述了以水能、风能、太阳能和核能为代表的中国绿色能源产业发展的现状，梳理了中国近年来发布的所有与绿色能源产业相关的政策文本，然后从文本数量、颁发部门等方面对政策文本进行了统计，最后从财政政策、税收优惠政策、电价补贴政策三个方面对所有的政策进行了归类分析。

第四章：本章对美国、日本、德国三个发达国家绿色能源产业发展现状以及支持绿色能源产业发展的产业政策进行了梳理。经过梳理与比较后发现，为推动绿色能源产业的发展，发达国家通常采用税收优惠、财政补贴、技术与研发激励等政策工具。最后阐述了国外绿色能源产业发展对我国的启示。

第五章：本章首先从理论角度分析了中国绿色能源产业成长的动力机制，同时提出了促进绿色能源产业成长的动力因素。然后在此基础上，从政府导向和市场导向两个方面对绿色能源产业的成长路径进行了分析。

第六章：本章首先在第五章的基础上阐述了绿色能源企业的成长路径，然后运用面板数据模型对影响绿色能源企业发展的因素进行了实证分析。

第七章：本章通过"民众能源问题调查"的数据研究发现，中国民众对绿色能源的支持度较高，对电价问题比较关心。大多数民众的社会责任感比较强，为了保护环境，降低环境污染，宁愿多承担部分用电成本也支持可再生能源发电的发展。除此之外，本章通过实证还系统地研究了中国民众对绿色能源支付意愿的影响因素，即人口统计学特征、知识水平、环保意识。

第八章：本章通过时间序列模型先来测定中国绿色能源消费与经济增长之间的库兹涅茨曲线，对二者之间的发展趋势进行判断。然后加入城镇化、产业结构等因素通过构建 ECM 模型对我国绿色能源消费与经济增长之间的长期均衡关系做出进一步分析。

第九章：本章首先对全书进行了概括总结，得出了四个结论。然后从完善绿色能源产业财税政策、改进绿色能源定价制度、加强绿色能源产业研发、强化政府与民众之间的联系四个方面进行政策建议。

二、研究框架

本研究的研究框架如图 1-1 所示。

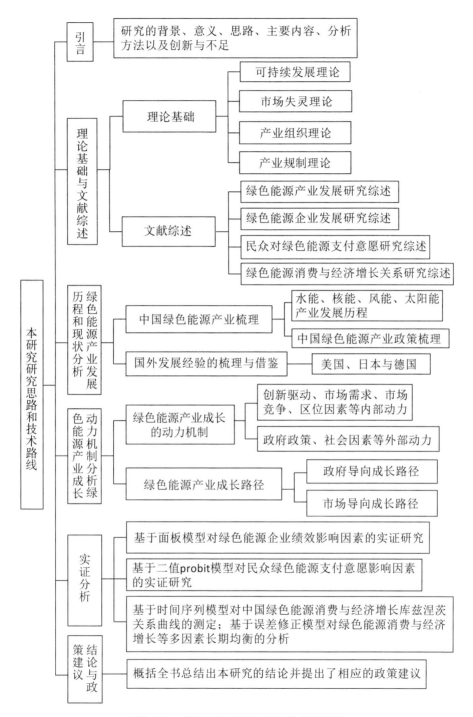

图 1-1 本研究的研究思路和技术路线图

第三节 研究方法

一、文献研究法

在本研究开始选题以及开题阶段，笔者对国内外大量的学术文章、行业研究报告、学术著作进行了阅读，并且对各类文献进行了归纳及总结。在前人研究的基础上，笔者对中国绿色能源产业发展进行了研究。

二、问卷调查法

笔者在研究中国民众对绿色能源的支付意愿时，在问卷上设计了基本人口统计学、对能源关心程度、对能源知识的了解程度、对居民用电问题的反映、对可再生能源发电的态度等问题，用人际关系传递法展开了问卷调查，然后回收整理、统计和研究。

三、比较分析法

比较分析法又分为横向比较法与纵向比较法。通过纵向比较法，笔者研究了中国绿色能源产业的发展历程；通过横向比较法，笔者比较了中国与国外发达国家绿色能源产业政策的异同。

第四节 研究创新与不足

一、主要创新点

（一）研究视角的创新

本书从宏观、企业微观与民众个体微观三个层面对绿色能源产业的发展进行了分析。绿色能源产业处于生命周期的成长期，其健康有序的发展对国民经济具有强大的推动力。反之，国民经济发展质量和数量的提高会改变能源结构，推动绿色能源的发展。企业是经济发展过程中不可缺少的社会经济组织，研究影响绿色能源企业的因素，促进绿色能源企业高效运转，是推动绿色能源产业健康发展过程中的重要一环。经济社会是由无数个个体组成,他们对绿色能源的态度倾向、支付意愿从根本上影响着绿色能源产业的发展。因此,从三个层面分析绿色能源产业的发展是必要的,这也是本书的创新点。

(二)数据开发的创新

本研究为研究民众能源问题政策倾向与民众的绿色能源支付意愿及其影响因素,采取了问卷调查的方式来获取数据。这部分数据属于原始数据,具有独一无二性。在对数据进行整理之后,首先针对民众对绿色能源政策的态度倾向、民众对绿色能源的偏好等问题进行了描述性分析,并形成了一个有关能源公共政策的调查报告。其次,使用 probit 计量模型,对影响民众对绿色能源支付意愿的因素进行了实证分析。结果表明,中国民众环保意识很强,对绿色能源的接受程度和支持力度都是比较高的;年龄、收入、教育水平、环保意识、能源知识是影响民众支付意愿的主要因素。

(三)对绿色能源与经济增长关系进行了创新性论证

本研究通过时间序列模型对绿色能源消费与经济增长之间的关系进行分析后得出,绿色能源消费与经济增长之间的关系呈向右上倾斜的"N"字形,且没有拐点,表明绿色能源消费对经济增长的影响并不会像煤炭能源那样出现"增长极限"的问题,绿色能源消费量的增加对经济增长的促进作用是可持续的。

二、不足之处

本研究中,笔者试图在前人研究的基础之上探究在政府导向下中国绿色能源产业健康发展的路径,并预测未来中国绿色能源消费对经济增长的影响趋势,但由于自身能力的不足以及客观条件的限制,本研究仍存在诸多缺陷与不足。

绿色能源产业是个涉及范围非常广泛的领域,包含了水能、风能、太阳能以及核能等众多能源类型,每种能源在资源禀赋、技术水平及扶持力度等方面都存在差异性。由于本研究的侧重点在绿色能源产业这个"面"上,因而并未对所有能源逐一进行深入分析,只能选取水能、风能、太阳能与核能四种最具有代表性的能源进行讨论。

数据库中企业数量较少。样本企业数据主要是来自 Wind 数据库与 CSMAR 数据库,笔者在两大数据库里找到中国绿色能源产业相关的上市企业数量较少,删除变量数据缺失严重、绿色能源项目营收在总营收中小于 1/2 的企业之后,可用样本企业只剩不到 40 家。

第二章

理论基础与文献综述

第一节 概念界定

一、绿色能源

能源是人类生存不可或缺的物质基础，也是经济发展、改善民生的重要保障。能源分类的方法有很多，按照能源的成因可以划分为一次能源和二次能源：一次能源是指自然界中天然存在，不经过任何加工和转换的天然资源，即从自然界直接取得并不改变其形态的能源，其包含原煤、原油、页岩油、天然气、风能、太阳能、地热能、潮汐能、生物质能等；二次能源是指为了满足生产和生活的特定等需求以及合理利用能源，将一次能源直接或者间接加工转化成的其他种类与形式的人工能源，其包含汽油、柴油、燃料油、焦炭、煤气以及电力等。按能源的形成又可以将一次能源进一步划分为可再生能源与不可再生能源。不可再生能源是指在自然界中经过上亿年漫长地质年代而形成，随着人类的不断开发持续减少，最终将消耗殆尽并且在短时间内无法恢复的能源，如煤炭、石油、天然气、页岩油等；可再生能源能够循环产生，并不会因为人类的开发利用而日益减少，是一种取之不尽用之不竭的能源，如风能、太阳能、水能、地热能、生物质能等。按技术开发程度可以划分为常规能源和新能源。常规能源是指技术条件相当成熟，经济上比较合理，已经被人类大规模使用很长时间的能源，主要包括煤炭、石油、天然气以及大中型水电等；新能源是指人类近年来才开发利用或者正在研究开发，以后可以广泛利用的能源，新能源包括可再生能源、核能以及氢能等。

表 2-1 能源的分类①

按能源的再生性	不可再生能源：煤炭、石油、天然气、页岩油、核能
	可再生能源：风能、太阳能、水能、生物质能、地热能、海洋能
按技术开发程度	常规能源：煤炭、石油、天然气、大中型水电
	新能源：太阳能、水能、地热能、风能、海洋能、核能、氢能
按能源的成因	一次能源：原煤、原油、页岩油、天然气、核燃料、水能、风能、太阳能、地热能、海洋能、潮汐能等
	二次能源：汽油、煤油、柴油、液化气、电力等
按对环境的污染程度	清洁能源：可再生能源、气体燃料、氢能、核能
	非清洁能源：石油、煤炭等

绿色能源也称清洁能源，可分为广义与狭义两种概念。狭义的绿色能源是指在使用过程中对环境不产生任何污染的能源，如可再生能源，这些能源消耗之后可以恢复补充，基本不产生污染。广义的绿色能源是指在使用过程中造成环境污染程度较小的能源，如天然气、清洁煤和核能。②

笔者在此观点的基础之上想对核能和水能进行重点分析，因为风能与太阳能、生物质能等能源已经不存在分歧，风电与太阳能发电具有无污染、可再生、取之不尽用之不竭的特点，其属于真正意义上的绿色能源，此观点已经得到了普遍的认同。而核能发电与水能发电是否属于绿色能源仍然存在分歧。

我国水能资源十分丰富，水能资源理论蕴藏量、经济可开发量均位于世界第一。新中国成立后，国家曾组织多次水能资源普查。"十三五"水电发展规划披露，目前我国水电能源可开发量已经达到 3 亿 kW·h/年③，水能发电已经是国民经济发展过程中不可或缺的一种发电方式。随着社会的进步，人们环保意识逐渐增强，因此水电建设与生态环境之间的矛盾逐渐突出。水电大坝的建设有很多缺点，但是和生态环境有关的主要是两点：（1）引发地质灾害。大坝建成后会触发地震、泥石流、滑坡等不良地质灾害。（2）对泥沙与河道的影响。大坝建成后阻断了天然河道，迫使河流改道或者改变流动速度，产生了泥沙淤积，从而引发了河流上下游的水文特征发生变化，这对生态环境来说是根本性的影响。因此，大型水电的利用给周围河流的水质及生态环境造成了负面影响。

---

① 周东. 能源经济学 [M]. 北京：北京大学出版社，2015：21.
② 本书研究的范围不包含天然气与清洁煤。
③ 张博庭. 能源革命下的水电发展机遇 [J]. 能源，2018（Z1）：107-111.

核能是一种高效的清洁能源，具有很多的优势：（1）高效节能。核能体积小能量大，比化学能大几百万倍，1千克铀释放的能量相当于2700吨标准煤释放的能量。另外相比于传统发电厂的建设成本，核电站的基本建设投资高于同等火电厂，但是原料的成本却远远低于煤炭。（2）污染少。与化石燃料相比，核能在发电的过程中基本上不向外界排放二氧化碳等污染物。[①]（3）事故发生率低。从世界第一座核电站建成到现在，除了1979年美国三里岛核电站事故、1986年苏联切尔诺贝利核电站事故与2011年日本福岛核电站事故外，并未发生其余核电站事故，并且这三次事故是由人为因素和地震引起的，而不是由于自身运行故障而引起的事故。虽然核电站事故发生率低，但是一旦发生核事故，核泄漏造成的污染将对周围环境造成不可估量的危害。

虽然水能与核能会对外界环境造成一定的安全隐患，但是科学是把双刃剑，不可因噎废食，因其弊而偏废。在世界未来的发展中，水能与核能都将一直是重要的发电能源，因此，本研究将水能与核能都认定为绿色能源。

综上所述，绿色能源是在使用过程中对环境造成很小或者不造成负面影响的能源，包括太阳能、水能、风能、生物质能等可再生能源以及核能。

二、产业政策

（一）产业政策的定义

产业政策（Industrial Policy）一词出现的标志是1970年日本通产省代表在经济合作与发展组织（Organization for Ecnomic Co-operation and Development，OECD）大会上做的题为"日本的产业政策"的演讲。我国第一次在严格意义上使用"产业政策"一词是在1986年制定的《国民经济和社会发展第七个五年规划》。随着有关产业政策的研究不断扩展，世界各国经济学家对产业政策的概念都不断讨论。目前关于产业政策的定义有三种[②]：

1. 产业政策是政府制定的一切有关产业的政策和法令的总和。日本经济学家下河边淳和菅家茂对该概念做了比较详细的概括，他们认为产业政策是"国家为了实现某种经济和社会目的，以全产业为直接对象，通过对全产业的保护、扶持、调整和完善，积极或者消极参与某个产业或者企业的生产、经营、交易活动，以及直接或者间接干预商品、服务、金融等市场的形成和市场机制政策的总和"。因此产业政策是政府为了优化资源配置，提高经济效率的一种强有力

---

① 雷奕安. 核安全与核能社会［J］. 现代物理知识，2011，23（3）：44-50.

② 吴建伟，楼永，张鑫. 产业经济学［M］. 北京：清华大学出版社，2016：90.

的工具。

2. 产业政策是用于矫正市场失灵缺陷的一种补救政策。日本原通产省经济研究所所长小宫隆太郎认为产业政策是"对以制造业为中心的产业部门之间的资源配置实行干预的各种政策，以及个别产业内部的产业组织对私人企业的活动水平施加影响的政策的总和"。他认为，产业政策就是为了弥补市场失灵做出的补救措施。

3. 产业政策是后发国家为追赶发达国家，振兴本国民族工商业，提高产业国际竞争力而制定的政策。日本国家经济的快速发展有力地诠释了产业政策的定义。自二战以来，为了追赶美国与欧洲发达国家，缩短与它们之间的差距，日本当局实施了一系列的产业政策，对日本的经济振兴做出了巨大的贡献。

从以上三种主流的定义可以归纳出：产业政策是政府为了提高本国产品国际竞争力、弥补市场失灵带来的市场低效率，通过对产业结构、产业组织、产业布局进行的一系列的定向调控政策的总和。因此，产业政策包括了产业结构政策、产业组织政策、产业技术政策以及产业布局政策。①

（二）产业政策的理论依据

产业政策的本质是国家对产业经济活动的主动干预。产业政策的主要理论依据有三个：市场失灵说、后发优势说、国际竞争说。②

1. 市场失灵说

持"市场失灵说"的学者强调产业政策的实施是为了弥补市场失灵的缺陷，完善资源配置，政府干预可以让市场更好地发挥作用。由于经济外部性、公共物品以及信息不对称等因素，市场不可能依据自身的调解机制实现资源的最优配置。林毅夫教授③也从挖掘市场失灵的原因展开了对产业政策合理性的论证。因此，运用产业政策这一非市场调节的工具成了弥补市场机制缺陷的必要。

2. 后发优势说

"后发优势说"也可以称为"赶超战略说"，该观点持有者认为产业政策是政府在市场机制基础上实现赶超战略的必要选择。邱兆林认为政府干预可以发挥出后发优势，加快国家经济发展的速度。④后发优势说揭示了欠发达国家在实现赶超目的的过程中会更多地实施产业政策的秘密。事实也证明，由于后发优

---

① 杨紫烜. 对产业政策和产业法的若干理论问题的认识［J］. 法学，2010（9）：16-21.
② 鲍宏礼，周兴旺，王庆. 产业经济学［M］. 北京：中国经济出版社，2018：220.
③ 林毅夫. 新结构经济学：重构发展经济学的框架［J］. 经济学（季刊），2011，10（1）：1-32.
④ 邱兆林. 中国制造业转型升级中产业政策的绩效研究［D］. 济南：山东大学，2016.

势的存在，欠发达国家可以通过实施特定的产业来实现非常规超越的发展。

3. 国际竞争说

国际竞争说强调了产业政策是当今各国更好地参与国际竞争的需要。2001年12月11日中国正式加入世界贸易组织（World Trade Organization，WTO）。经济全球化是世界经济发展的客观趋势和必然规律，在经济全球化不断地发展下，世界各国都面临着新的机遇与挑战，如何在世界市场上占有一席之地将是世界所有国家都要考虑的问题。在经济全球化大背景下，世界各国政府（无论是美国等西方发达国家还是中国等发展中国家）都要审时度势，在分析好自身的优势和劣势的前提下，迫切需要以产业政策为工具，增强本国产品的国际竞争力，从而争取让本国产业在世界上占有优势地位。

三、绿色能源与产业政策

（一）电力产业是能源产业的重点

虽然能源门类繁多，相应的能源产业政策也数不胜数，但是电力始终是能源的核心。电力产业是能源产业的先行产业，也是产业体系中的重要产业。

首先，电力的物理特性决定了能源发展要以电力为中心。任何一次能源通过能量转化都可以转化成电力，电力又可以方便地转换成热能、光能、动能以及其他能量形式。能源禀赋存在着区域性的差异，比如我国在煤炭产区主要发展火电，在风能、太阳能丰富的区域发展风电与太阳能电力，在其他区域相应地缺少电能。电力目前可以大规模生产，并且通过电线可以远距离运输，以目前的科学技术使得电力在运输过程中仅有很低的能量损耗，在使用终端也是最清洁的能源。

其次，电力在世界各国能源和经济发展中的作用日益增长，决定了电力越来越成为能源的中心。[①] 无论世界各国使用哪种能源发展经济，最终都要通过电力的形式供给终端用户，电力的便捷性与实用性可以在更大程度上提高经济发展的效率，所以，世界各个国家在制定的能源战略中，都以电力供应为中心。

总之，电力是能源的重要内容，在能源建设中应以电力为中心。因此，对能源储备状况和相关的电力开发方式必须予以重点关注。

（二）绿色能源是电力产业结构调整的必然选择

众多学者的研究表明，产业结构调整与经济增长有双向因果关系，产业结

---

① 刘建平. 中国电力产业政策与产业发展 [M]. 北京：中国电力出版社，2006：48.

构调整对提高能源效率和改善环境质量也有显著的影响。卢学法通过分析 1993 年至 2013 年这 20 年的面板数据，发现从全国范围来看，经济增长与产业结构调整具有双向格兰杰因果关系。[①] 于斌斌认为提高能源效率最有效、最重要的途径就是推动产业结构的调整。[②] 自改革开放至今，不同产业之间与产业内部的产业结构调整一直是国家工作的重点和难点。从电力产业内部来看，我国火力发电长期以来都是占有主导地位，即使近年来水电以及风电等有了快速的发展，但是仍然无法撼动火电的主体地位。2023 年我国电力生产量为 94564 亿千瓦时，其中水能发电量为 12859 亿千瓦时，占比 13.6%；火力发电量为 62318 亿千瓦时，占比 65.9%；核能发电量为 4333.7 亿千瓦时，占比 4.58%；风能发电量为 8859 亿千瓦时，占比 9.37%；太阳能发电量为 5637 亿千瓦时，占比 5.96%。我国虽然煤炭探明总量位居世界第三，使用火力发电具有天然的优势，但是火电在生产的过程中会释放大量的污染气体，并且煤炭是不可再生能源，将火电作为电力产业的重点部门违背了可持续发展和低碳经济的原则。因此，电力产业内部进行产业结构调整已经成为我国乃至世界各国急需解决的问题，绿色能源作为替代能源代替火电成了电力产业结构调整的必然选择。相对于火电，绿色能源生产过程中成本较高，但是使用可再生能源生产绿色能源的生产成本只是相对的高，如果将火电造成的经济负外部性转化成其内部成本的话，绿色能源的生产成本也不会比常规电力成本高出太多。

（三）绿色能源的发展依赖产业政策

我国可再生能源资源丰富，风能、太阳能能源储备量均居世界前列，但是一方面可再生能源分布分散，聚集性低，另外在使用可再生能源进行生产电力时受当地的气候、季节影响较大，不如煤炭等化石能源聚集性高、使用过程稳定；另一方面生产绿色能源需要使用特定的先进发电设备，对设备的技术性和稳定性要求更高，这间接地增加了绿色能源的生产成本，在火力发电给外面环境带来的经济负外部性未转化成内部生产成本的时候，绿色能源的成本要明显高于传统火电。同时，电力市场作为垄断性市场，其竞争机制不够完善。

垄断性和生产过程的高成本导致绿色能源的单价与传统电力相比要高出很多，因此，绿色能源的发展必须依赖国家优化电力产业结构，制定定向的产业政策鼓励绿色能源的发展。

---

① 卢学法. 产业结构变动与经济周期波动关系研究 [D]. 杭州：浙江大学，2017：132.

② 于斌斌. 产业结构调整如何提高地区能源效率：基于幅度与质量双维度的实证考察 [J]. 财经研究，2017，43（1）：86-97.

第二节 理论基础

一、可持续发展理论

（一）可持续发展理论的发展历程

18世纪60年代随着第一次工业革命的爆发，世界进入了蒸汽时代。自工业革命以来，人类解放双手的同时生产力得到了迅速的提高，在机器的推动下世界经济总量不断提升，极大地丰富了人类的物质生活以及精神生活。然而发达的生产力也是一把双刃剑，在世界经济快速发展的同时也造成了环境的污染，工业文明的信仰——"人类征服自然"已经导致了全球性的人口暴增、资源短缺、环境污染和生态破坏。种种始料未及的环境问题促使人类对工业社会的发展方式进行了反思，人类社会要怎么办？在经济发展的同时要不要兼顾生态环境，又如何兼顾生态环境？经济发展与生态环境之间的关系逐渐成了全球范围内关注的热点。当人类开始困惑的时候，可持续发展理论便应运而生。

20世纪60年代以来，环境问题逐渐引起了各国学者的关注。美国学者莱切尔·卡逊（Rachel Carson）在其1962年出版的《寂静的春天》一书中详细描绘了环境污染的画面，人类为了提高农作物的产量，将越来越多的农药喷洒在农作物上面。此举虽然提高了农作物的产量，增加了人类的粮食储备，但是却对环境和生态环境造成了不可逆转的污染。这本书刚出版时使莱切尔一度被质疑，但是人们逐渐地接受了这个观点。随着观点的被接受，环境保护问题也进入了人们的视野当中。

1972年，联合国在斯德哥尔摩首次召开环境会议并且通过了《斯德哥尔摩人类环境会议宣言》。该宣言呼吁全球所有国家在发展的同时兼顾生态环境，努力维护和改善人类的居住环境。此宣言的通过标志着人类开始重视经济发展中的环境问题。同年，众多学者组成了一个非正式的国际协会，即"罗马俱乐部"，发表了研究报告《增长的极限》[1]，该报告为探索全球关注的五种主要趋势：加速工业化、快速的人口增长、普遍的营养不良、不可再生资源的耗尽，以及恶化的环境建立了世界模型。该模型相应地包括了工业发展、人口增长、

---

[1] MEADOWS D H, MEADOWS D L, RANDERS J, et al. The Limits to Growth [M]. New South Wales: Universe Books, 1972.

粮食生产、资源消耗以及环境污染五项基本数据指标。通过模型分析，该报告还预言了人口激增、粮食耗尽、资源短缺、世界环境污染等问题都将在今后的100 年内的某一个时间点达到极限。

1980 年，以世界自然保护联盟（International Union for Conservation of Nature，IUCN）为主的多个组织制定了《世界自然资源保护大纲》，在该大纲中"可持续发展"的概念首先出现。

1983 年，联合国成立了世界环境与发展委员会（World Commission of Environment and Development，WCED）。在后面的几年时间里该组织研究并出版了《我们的未来》一书，并向联合国做了相关报告。该书首先说明了人类经济发展的现状，又对经济发展带来的环境污染问题做了阐述，然后对经济发展和环境保护的关系进行了评价。最后在评价的基础上深刻阐述了"可持续发展"的含义，即"可持续发展是既要能满足当代人的需要，又不对后代人满足其需要的能力构成威胁"①。

1992 年联合国在巴西里约热内卢召开了环境与发展大会，该大会通过了《里约环境与发展宣言》（Rio Declaration）和《气候变化框架公约》等纲领性文件，提出"人类要生存，地球要拯救，环境与发展必须协调"。此时，全球范围内可持续发展思想深入人心，也标志着它开始从理论走向实践。

1997 年联合国在日本东京召开会议通过了《联合国气候变化框架公约》京都议定书，简称《京都议定书》，其目标是通过约定束缚各个国家的行为，将大气中的温室气体控制在一个适当的水平上。

2002 年联合国在约翰内斯堡举办了首次可持续发展世界首脑会议，在该会议上通过了《可持续发展世界首脑会议实施计划》以及《政治宣言——约翰内斯堡可持续发展声明》，该计划表明消除贫困和改变不可持续的生产和消费模式以及保护和管理经济社会所需要的自然资源是可持续发展的重要基础和首要目标，这给世界各国的实践行动指明了方向。此后联合国仍召开过其他有关可持续发展议题的小规模会议，此处不再赘述。

（二）可持续发展模式的理论

可持续发展模式的理论主要从人类社会发展演变的两个维度，即整体性和动态性出发进行研究。其中前者意味着在分析时要将人口总量、资源禀赋、环境生态、经济发展等纳入一个整体框架中，研究各个变量之间的影响作用和影

---

① World Commission on Environment and Development. Our Common Future［M］. New York：Oxford University Press，1987：27.

响机理，以及推进这些变量之间的协调发展。动态性是指当代的发展不仅要考虑一个国家或者一代人之间人口总量、资源禀赋、环境生态、经济发展的协调发展，更要强调在后代和其他国家之间的协调发展。① 在明确当代人优先原则的同时，明确当代人的责任，能做什么，该做什么，只有理清与后代人的关系，才能真正落实对后代人利益的保护。② 可持续发展模式通常包括了人口与可持续发展、资源与可持续发展、环境与可持续发展、产业结构与可持续发展、科学进步与可持续发展五个方面。

二、市场失灵理论

有关自由市场与政府干预的争论学术界一直没有停止过。以美国著名经济学家米尔顿·弗里德曼为首的自由主义者坚定地认为各种自由竞争的市场都将带来效率，从而导致帕累托最优。即最佳的经济运行方法就是把它全部交给市场——"放任主义"使资源得到最优配置，政府不应加以干涉。但是现实情况却出现了自由市场无法按照最优的方式配置资源，出现了这样或者那样的"市场失灵"。导致自由市场出现配置失灵的原因主要有四种。

（一）外部性的存在

外部性是指一个人或者一群人的决策使另外一个人或者一群人受损或者受益的情况，因此也称为溢出效应、外部效应。经济外部性意味着生产主体的生产行为不仅给自身产生影响，还给周边的生产主体带来了非市场化的影响。经济外部性之所以会导致市场失灵，是因为第三方并未参与决策过程。当自由市场进行资源配置时，没有将对第三方的影响纳入考量，这就会造成资源配置并非处于最优状态，进而必然导致经济效率的损失。

外部性分为正外部性和负外部性。正外部性是指某种决策的社会收益大于私人收益。相应地，负外部性是指某种决策的社会成本大于私人成本。

———————————

① 姚愉芳，贺菊煌，等. 中国经济增长与可持续发展：理论、模型与应用 [M]. 北京：社会科学文献出版社，1998：98.

② 方行明，魏静，郭丽丽. 可持续发展理论的反思与重构 [J]. 经济学家，2017（3）：24-31.

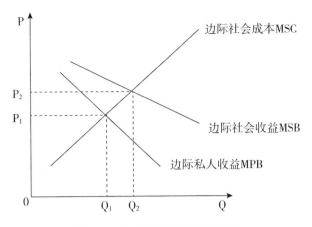

图 2-1 正外部性带来生产不足

社会收益大于私人收益，因此边际社会收益曲线在边际私人收益曲线的右侧。如图 2-1 所示，当经济主体决策时只考虑了私人收益，则市场产量为 Q1，价格为 P1，即边际私人收益 MPB 曲线与边际社会成本 MSC 曲线的交点处。如果将正外部性所带来的正面社会效益考虑在内的话，自由市场产出的价格为 P2，产量为 Q2，即边际社会收益 MSB 曲线与边际社会成本 MSC 曲线的交点。Q2>Q1，说明正外部性给社会带来的价值被低估，投入到该生产的资源不足，造成产量不足。

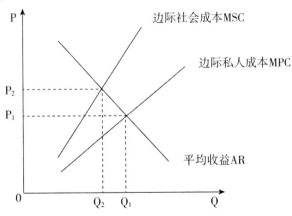

图 2-2 负外部性带来生产过剩

社会成本大于私人成本，因此边际社会成本曲线在边际私人成本曲线的左侧。如图 2-2 所示，当经济主体决策时只考虑私人成本，市场的产量为 Q1，价格为 P1，即边际私人成本 MPC 曲线与平均收益 AR 曲线的交点。然而，如若考虑了行为所带来的负外部性，市场的产量为 Q2，价格为 P2，即边际社会成本 MSC 曲线与平均收益 AR 曲线的交点。Q1>Q2，说明负外部性造成了过多的资源被用于产生负外部性的物品上，造成了生产过剩。

（二）公共产品

公共产品指的是同时具有非排他性与非竞争性特征的物品。其中，非排他性是某种产品在消费的过程中不可能为某个人所专有，不可能将其他人排除在外且不允许享受产品的利益。非竞争性是一个人在增加消费某一产品得到的效用并不会减少他人消费此产品得到的效用。公共产品与私人产品是相对的概念。

在市场经济中，理性的、追求效用最大化的经济人不会为自己使用公共产品去支付任何费用，当不支付任何费用去享用公共产品的福利时，"搭便车"的现象就会出现。这种情况是普遍的，当所有的人都不会为公共产品支付使用费用的时候，就不会有人去提供公共产品。因此，公共产品导致了市场失灵。

（三）信息不对称

信息不对称是指参与市场交易的经济人之间在交易中所拥有的信息不相同的现象。不同经济人凭借其自身的诸多优势，具有了获取独特信息的能力，这种信息获取的差异称为绝对的信息不对称。而市场经济本身不能够产生足够的信息，影响资源有效配置而形成的信息不对称是相对意义的信息不对称，经济学研究的也是这种相对的信息不对称。

信息不对称导致市场失灵的原因是会引起道德风险、逆向选择、委托—代理问题。其中，道德风险指的是双方在信息内容不完全一样的情况下，拥有较多信息优势的其中一方可能规避交易成本或先一步将交易成本转移到拥有信息劣势的一方，这将会导致后者的经济受到损失。另外，道德风险不仅给劣势方造成了额外的交易成本，也损害了市场资源配置的效率。道德风险适用的典型领域为保险市场。逆向选择是指在信息不对称的前提下，高质量的商品将被低质量的商品逐出市场（劣币驱逐良币），或者说拥有信息优势的一方在交易中总是趋向于做出有利于自己而不利于别人的选择。逆向选择使得市场价格不能真实反映出市场的供求状况，导致了市场资源配置的低效率。逆向选择适用的典型领域为柠檬市场与保险市场。20世纪30年代，美国经济学家伯利和米恩斯因为考虑到企业所有权与经营权合为一体带来了诸多的弊端，提出了"委托—代理理论"。所谓的委托—代理问题指的是，在存在信息不对称的情况下，委托人对代理人在经营过程中的具体行动毫不知情，或者即使知道代理人采取某种行动也无法有效掌握和控制代理人在行动过程中的努力程度，此外由于委托人与代理人之间存在利益关系，代理人在通常情况下不会按照委托人的要求和想法去做出选择。

三、产业组织理论

英国经济学家马歇尔（Marshall）首次提出了产业组织的概念。1890 年出版的《经济学原理》[①] 一书中，视组织为可以强化知识作用的重要变量，具体分类包括企业内部组织、同一产业间的组织形态、政府组织等。这一概念包括了两种含义：一是产业内企业间的市场关系，微观经济学中将市场分为完全竞争市场、不完全竞争市场、寡头市场、垄断市场四种，不同的市场类型导致产业内不同企业的地位、市场支配力有差异；二是产业内同类企业相互联系的组织形态，比如集团、公司等，这取决于企业间的市场关系。马歇尔也第一次提出了内部规模经济的概念，他认为资源配置的主要问题是企业内部规模经济与外部竞争市场之间的矛盾，即"马歇尔冲突"。

马歇尔所在的自由资本主义时代还未出现垄断的现象，随着某些企业的规模不断地扩大，到了 20 世纪初，开始出现了垄断资本主义。英国学者罗宾逊（J. Robinson）在 20 世纪 30 年代出版了《不完全竞争经济学》[②] 一书，美国学者学张伯伦（E. H. Chamberlin）出版了《垄断竞争理论》[③]。两位学者提出的不完全竞争理论，对微观经济学的市场理论产生了重要的推动作用。

1938 年以梅森（E. S. Mason）、贝恩（J. S. Bain）为首的产业组织研究机构在哈佛大学成立，其研究成果强调了市场结构的重要性。1959 年贝恩出版了《产业组织》[④] 一书，书中明确提出了包含市场结构（structure）、市场行为（conduct）、市场绩效（performance）三个变量的分析框架，其核心观点是这三个因素之间存在明显的因果关系，即市场结构决定市场行为，市场行为决定市场绩效，该框架被称为贝恩范式（SCP 范式）。按照 SCP 分析框架，行业集中度高的企业，即垄断企业，倾向于提高价格，以谋取垄断利润，造成了资源配置的效率低，为了改变这种状况需要政府制定公共政策防止垄断的发生，调整和改善不合理的市场结构。由于十分重视市场结构对市场行为和市场绩效的影响，哈佛学派也被称为"结构学派"。虽然 SCP 分析框架单向因果关系有其局限性，但是它促进了产业经济学的发展，使得产业经济学成为一个完整的学科。

---

① 马歇尔. 经济学原理［M］. 刘生龙，译. 南昌：江西教育出版社，2014：46.

② ROBINSON J. The Economics of Imperfect Competition［M］. London：Macmillan Press，1933：96.

③ CHAMBERLIN E H. The Theory of Monopolistic Competition［M］. Cambridge：Harvard University Press，1933：35.

④ BAIN J S. Industrial Organization［M］. New York：John Wiley，1968：112.

SCP 分析框架的单向传递性遭到了芝加哥大学经济学家们的质疑和批判，其代表人物为斯蒂格勒（Stigler）、德姆赛兹（Demsetz）、博克（R. Bork）、波斯纳（R. A. Posner）等。他们认为哈佛学派提出的 SCP 分析框架与现实严重不符，强调三者之间的相互关系。如果说哈佛学派为干预主义辩护，那芝加哥学派则为自由主义辩护。芝加哥学派极为重视自由市场的重要作用，自由市场竞争机制完善，具有自我调整的能力。他们对市场行为持自由放任的观点，反对政府对产业组织的干预。

20 世纪 70 年代后，产业组织理论出现了新的发展思路。以经济学家梯若尔（Tirole）为代表人物的学者将产业组织理论放在了博弈论与信息经济学的分析框架中，形成了"新产业经济学理论"。新产业经济学在研究方法上运用数学方法，引入博弈论，通过建立一系列的数学模型来探索企业行为策略的合理性。新产业组织理论特别重视企业策略性行为，将企业行为看作一种外生变量，而市场结构则被看作内生变量。

综上所述，将近百年的发展，使得产业组织理论取得了丰厚的硕果，对各国产业的制定都产生了深远的影响。

四、产业规制理论

产业规制属于产业管理的范畴，产业规制的本质是政府依据法律、法规和制度实施的产业管理行为，其目的是保证市场经济秩序正常良好，推进资源配置效率不断提升，从而保障社会公众主要群体的利益。

（一）产业规制的内涵

产业规制指的是政府或社会为了特定目标而对市场经营主体制定的限制性、约束性、规范性政策，这些限制性、约束性、规范性政策可能是直接性或者间接性的，具有相应的法律约束力和准法律约束力，相应的政府部门进而会督促生产经营主体采用相应的行动和措施。

（二）产业规制的分类

根据政府对经济主体行为的限制程度与方式不同，产业规制可分为直接规制和间接规制。前者指的是政府依照法律直接介入市场失灵的领域，如对企业的价格制定、市场准入退出等活动进行的规制。间接规制是指政府根据反垄断法、民法、商法等法律制度对垄断行为、违法竞争等行为进行的间接制约。直接规制又可以分为经济性规制和社会性规制。

1. 经济性规制

经济性规制就是以政府为干预主体、产业（企业）行为为管制对象，为弥补自然垄断和信息不对称等市场失灵现象，通过约束企业进入和退出行业或者产业、企业定价等行为，从而实现保证竞争公平、资源配置有效、消费者利益和服务有效供给的一种干预方式。

经济性规制的主要目标有三个：一是确保资源配置的高效率。垄断企业在市场活动中必然使用其垄断地位控制市场价格，在垄断下的市场价格必定高于边际成本，因此也达不到帕累托最优；二是提高企业自身内部效率；三是避免损害消费者的利益。企业通过垄断价格会产生超额利润，然后企业内部通过收入再分配的形式将利润重新分配，损害了消费者的利益。

经济性规制实施的方式主要有四种：一是进入和退出规制。政府针对某个企业进入或退出某个产业，以及其对某产业内竞争者数量进行管控，这种限制将通过政府特批的许可文件、资格审查等方式来实现。二是价格规制。政府对企业产品的价格、费率等进行严格限制。三是产量规制。政府通过供给侧改革对企业产量进行限制，防止投资过多（过少）导致产量过多（过少）对整个市场价格产生冲击，进而影响生产者和消费者的利益。四是质量规制。

2. 社会性规制

社会性规制是指政府以保障国民生命安全、提高健康水平、进行文化教育、防止灾害为目的而进行的规制。社会性规则不分产业，偏重针对企业经济行为进行管控的方法可能有害于消费者和社会的健康与安全。经济性规制主要针对自然垄断、信息不对称的特定行业产业，而社会性规制是针对负外部性、信息不对称的特定行为。

社会性规制实施的方式有四种：一是环境规制。环境规制是针对大气污染、水污染以及噪声污染等对人类健康有害的个人行为，通过制定排污标准、收取排污费用、实施可转让的排污权交易等措施对个体行为进行规制。二是产品质量规制。产品质量规制是指政府考虑到产品的质量、卫生、安全等可能会对消费者带来危害而对行为主体进行规制，其包括事前、事中以及事后的规制。三是食品药品规制。食品药品规制是指政府为防止食品药品质量问题对消费者造成伤害而对食品药品质量进行的规制。四是工作场所安全规制。工作场所安全规制是指为劳动者生命安全所考虑而对工作场所进行的规制，具体通过强制风险信息披露、制定工作场所安全健康标注规则来实施。

第三节　国内外相关文献综述

一、绿色能源产业发展研究综述

（一）风能产业研究综述

风能发电产业的发展引起了学术界的广泛关注。通过对文献的整理发现，国内外学者对风能产业发展的研究主要从风能发展前景、技术创新、政策实施等方面进行了研究。

1. 国外研究成果

（1）风电对经济发展的影响。可再生能源可以用来刺激国家经济增长和为社会创造就业机会的论点经常被用来证明政府扶持的正确性。很多国家和机构都研究了增加可再生能源使用、提高可再生能源所占份额对经济发展产生的影响。国际可再生能源署在 2016 年采用宏观经济计量模型（E3ME）模拟了到 2030 年在全球能源需求结构中可再生能源份额翻一番的情形，并且估计可再生能源所占份额的增长会导致全球经济增长 0.6%~1.1%之间。[①] 此外，美国、德国与其他 OECD 国家均发现了可再生能源对经济发展的促进作用。学者们通常使用三种方法来评估风电开发对当地经济的影响：第一种是对特定项目的评估，它本质上是一种案例分析法，但其存在着很多问题，比如缺乏代表性、仅仅靠直接收益和成本进行分析而低估了影响的程度。第二种常用的方法是输入输出方法，它将这些影响分为直接、间接与诱导影响。直接影响是指风电项目的开发、建设与运营所有环节的投资与支出会增加当地民众的收入和就业机会，然后直接和间接受益者的再投资行为会对当地经济再一次产生促进作用。第三种方法是采用"事后分析计量模型"，风电项目的建设与发展除了对经济产业积极正面的影响外，也有可能产生消极影响，但前两种所采用的方法只能分析产生积极影响的情况，忽略了因为风电项目机会成本所带来的消极影响。在分析中至少应该考虑到两种机会成本：替代其他能源或土地使用的成本和投资风电项目而不投资其余项目的公共资金成本。

（2）世界各国风电发展历程。迪斯穆克斯（Dismukes）在 2009 年回顾了美

---

① International Renewable Energy Agency. Renewable Energy Benefits：Measuring the Economics. 2016. Report.

国风能发电产业的发展历程，基于生命州区视角对风电产业的发展进行了综合评价，分析了不足之处并提出了建议。欧盟委员会的 2050 年能源战略目标明确要求要实现可再生能源装机容量大幅度增加，并且减少温室气体排放，很多学者研究发现风能是实现这一目标的最关键推动力。2017 年年底欧洲共安装了 169 吉瓦的风电名牌容量，其中大部分都来自陆上风电。尽管海上风电项目得到了很大的支持，但是陆上风电设施仍占据主导地位。2019 年彼得·恩尼沃尔森（Peter Enevoldsen）等人基于 GIS 的软件技术估算了欧洲风能发电的潜力，研究结果说明欧洲在现有技术的基础上，仅仅依靠陆上风力发电就可以产生足够的电力来满足从目前到 2050 年之间的能源总需求。

（3）风电产业政策的研究。2006 年克拉斯（Klassen）研究了欧洲部分国家在风能发电项目发展过程中的产业支持政策。其中，丹麦从 1979—1989 年对风力涡轮机的生产给予了大量的投资补贴，之后又实行了对风电企业进行消费税与环境税的部分退税措施；德国主要采用了税收减免、低息贷款与投资补助；英国主要是风力涡轮机实行了补贴的政策。2019 年克劳迪娅·希塔伊（Claudia Hitaj）等人估算了 1996—2010 年德国固定上网电价（FIT）对风电产业投资以及减排的影响，结果发现从 1996—2010 年，FIT 每增加 1 欧元/千瓦时，平均每年将增加 796 兆瓦的容量，并且电力部门 $CQ2$、SQX、$NQ2$、$PM10$ 的排放量可以降低 4%。德国政府在努力增加可再生能源法发电的份额，以缓解气候变化并加强能源安全，美国政府同样如此。美国联邦政府与各州政府对可再生能源采取各种形式的激励措施，包括公司、销售以及财产税收抵免以及电价补贴激励措施。2013 年克劳迪娅·希塔伊等人通过随机效应 Tobit、Probit 和普通最小二乘回归模型估计 1998—2007 年美国联邦政府与州政府激励政策对风电产业发展的影响，结果表明生产税抵免、国家销售税收抵免与生产激励措施在促进风能发展方面发挥着重要的作用。韩国政府在 2017 年宣布了新能源转型政策，旨在减少核电厂和燃煤电厂，进一步发展生态友好型发电与供电。其目标是到 2030 年在国家能源结构中可再生能源所占份额要达到 20%，其中包括光伏发电 37 吉瓦、海上风电 13 吉瓦、陆上风电 3 吉瓦。韩国学者朴在熙等人研究了韩国海上风电项目发电的潜力，他们认为海上风电发展的最大障碍是国家政策的波动性太大，应该采取连续性强，持续稳定的产业政策。[①]

---

① Park J, Kim B. An analysis of South Korea's energy transition policy with regards to offshore wind power development [J]. Renewable and Sustainable Energy Reviews, 2019, 109: 71-84.

（4）风电产业技术创新的研究。2006年克拉斯等在研究了英国、丹麦、德国所实施的风能产业政策基础上分析了这一系列的财税政策与降低创新成本之间的关系，发现有效的产业政策可以帮助企业降低创新成本。2019年乌莎·拉奥（K. Usha Rao）利用创新扩散理论研究印度不同州风电技术的发展水平，他们发现虽然印度中央政府颁布了一系列的政策以鼓励风电产业的发展，但是各州的执行效果却各不相同。

2. 国内研究成果

（1）风电产业技术创新的研究。2019年林继强等人认为风电技术的创新对实现能源结构转型至关重要，他们用2006—2016年的数据通过负二项式固定效应回归模型研究了政策（上网电价与研发支出）对中国省级风电技术创新的影响。从调查结果中得出了以下结论：（1）通过上网电价政策推动需求拉动政策，促进风电技术的创新；（2）较高的风电上网电价导致风电技术专利库存增加；（3）通过研发支出推动技术发展，支持风力发电技术创新；（4）只有在实施固定上网电价政策的情况下，对产业企业进行研发资金投入，才能刺激更多的专利存量，说明风电产业企业是固定上网电价政策的受益者，存在互动效应；（5）改进风电部署，推动风电技术专利的增长；（6）提高电价将激励风电制造商的创新，以降低成本，获取更多利润。美国学者T. 拉姆（T. Lam）等人在2017年对中国的创新和学习能力进行了研究，他们认为在可预见的未来，中国优秀的设备制造商仍然是全球重要的参与者，通过中国政府有力的政策支持，中国的风电行业在技术转让、能力建设、学习以及降低成本方面已经取得了巨大进步。随着中国风力发电机组产量的增加，中国生产商越来越多地削弱了国外生产商维持的价格。事实上，中国制造商已经被西方媒体视为一种充满活力的"绿色创新者"。

（2）风电产业政策的研究。在当今世界能源发展形势下，大力发展风电调整中国能源结构，是实现经济可持续发展的必然选择。为了使风电产业政策达到更好的效果，高瑜在2017年使用定性分析，发现了相关政策缺乏系统性和整体性。完善风电政策必须跳出风电这个小的"点"，需要与国家经济、社会和环保发展这个大的"面"协调起来形成整体性的制度安排，只有从全局谋划才可以解决风力发电的难题。黄栋等人对我国风电产业政策的变迁进行了研究与解释，希望可以为我国风电产业政策的研究提供一个新的视角。王晓珍等学者在2016年设计了中国风电产业政策分析的COPA框架模型，另外对中国1994—2014年185条风电产业政策进行了梳理，在此基础上，从政策内容、政策形式、政策力度与发布部分四个维度分析了中国风电产业政策的执行效果。黄珺仪在

2018 年利用 2007—2015 年中国 31 个省份（不含港、澳、台）的风电数据，采用面板分析法对全国以及分区域对东部、西部、中部的补贴政策对风电产业的具体绩效进行了实证分析。结果显示补贴政策对风电产业的促进作用不明显，因此，应该引入配给制和绿色证书等管制政策。此外，还有些学者在中外风电产业政策对比的基础上，针对性地提出了相关建议。杨阳等人在 2011 年深入研究了德国海上风电产业政策后，提出海上风电发展的前期应该重技术、重环境、轻规模。美国在全球是一个法律体系比较健全的国家，王玺在 2014 年对比中美税收政策后发现，中国风电产业税收政策切入点单一，仅局限在对供给侧投资者、生产者的补贴激励，而忽略了需求侧的作用，在需求侧既缺少对传统能源产生的污染做出惩罚性措施，又缺少对消费者风电使用的优惠措施，而其余非税收政策也没能补上这方面的缺失。

（3）风电价格形成的研究。中国实行的是固定电价制度，经过十几年的发展，固定电价制度显现出了很多问题，所以，国内学者对风电价格制度研究的重点是固定电价制度的劣势，以及如何改进我国的电价制度。王正明在 2008 年从外部性角度对风电招标定价机制进行了研究后发现风电并没有明显的负外部性，应该进行市场定价。我国现有的电价政策规定了招标电价不得高于国家统一标杆上网电价，即给招标电价设定了一个上限，但李才华认为对招标价格也应该设定一个下限，并且要完善财政补贴机制。白华认为风能产业固定成本高且边际成本低，这是典型的"垄断产业"。在产业发展的前期由于投资额巨大且回报周期长，所以在投资、价格等各方面都应该由政府进行管制，但随着风电产业的进一步发展，由于我国地域辽阔，风力资源分布极为不均，各地建设风电项目的成本不同，这时统一标杆上网电价制度就阻碍了风电产业的发展，应该研究电价的市场模式，探索与试行"绿色证书"市场交易制度。

（4）风电发展现状的研究。刘英琪等人在 2010 年从国家级与省级两个层面研究了中国风电行业发展的现状。中国 2000 年风电总装机容量仅为 0.346 吉瓦，而到了 2008 年，总装机量就已经达到了 12.2 吉瓦，并且截止到 2008 年年底，中国 23 个省、5 个自治区、4 个直辖市中有 24 个都发展了风电产业。中国的风电装机容量主要集中在 6 个省、3 个自治区，即新疆、内蒙古、黑龙江、吉林、辽宁、河北、山东、江苏及宁夏，2008 年 9 个省级行政区装机容量接近 4 吉瓦，占全国的三分之一。梁慧超等人在 2017 年采用灰色关联与熵权法相结合的方法，构建了新能源产业化发展环境支撑能力指标，然后对我国 23 个省、5 个自治区、4 个直辖市的环境支撑力进行了测评，结果显示我国省份之间环境支撑力是不均衡的，广东、内蒙古、江苏以及北京的环境支撑力远远超过了其余省份。

（二）太阳能光伏产业研究综述

1. 国外研究成果

（1）有关光伏产业政策的研究。笔者通过对太阳能光伏产业政策的收集与整理，总结出国外学者对太阳能光伏产业政策的研究主要集中在两个方面：一是对各个国家实施的太阳能光伏产业政策或者太阳能光伏政策体系进行解读；二是对一些国家太阳能光伏产业政策的有效性进行研究。2010 年路易吉（Luigi）对东欧国家的太阳能光伏产业政策进行了研究，他发现同一种产业政策对不同国家的作用效果是不同的，这可能是因为各个国家地理因素存在差异，导致了太阳能光伏政策并不能有效支持所有国家光伏产业的健康发展。坎德丽丝（Candelise）等人同年通过模型分析了英国太阳能光伏产业政策对光伏发电成本、光伏市场的影响，结果显示作用效果并不是非常显著，太阳能光伏产业应加强税收方面的政策。亚历山大·乔尔·瑞安（Alexander Joel Ryan）等人在2019 年运用 OLS 计量模型来分析美国一系列政府激励政策。首先，在州级只能使太阳能光伏发电更加有效，他们所分析的政府激励政策包括补贴、税收激励措施，结果显示州的可再生能源组合标准（RPS）与太阳能光伏发电具有显著的统计关系，RPS 增加 1 个百分点会使州的太阳能光伏发电比例增加 0.094 ~ 0.103 个百分点。其次，国家补贴与税收抵免激励措施的影响相对不确定，因为模型结果显示了国家补贴对太阳能光伏电力有负面的影响作用，这与预期并不相符。

（2）有关电价制度的研究。电价政策的研究范围主要也集中在了政策解读与有效性研究两个方面。霍普曼（Hoppmann）在 2014 年分析了德国固定电价政策（FIT）的演变，研究结果表明技术变革就是政策变化的结果，也是政策变革的驱动力。詹纳（Jenner）等人在 2013 年采用 1992—2008 年面板数据针对 26 个欧盟国家的太阳能光伏和陆上风电开发 FIT 政策的有效性进行了计量经济分析，他们建立了一个新的 FIT 强度指标，结果发现 FIT 政策推动了欧盟太阳能光伏产业的发展。西班牙学者加列戈卡斯蒂略（Gallego-Castillo）等人在 2015 年调查了固定上网电价政策对批发电力市场的影响以及对纳税人负担的影响，此外，他们指出采用学习曲线的工具来表示技术进步是最优 FIT 模型中的关键组成部分。为了研究 FIT 政策对中国上游和下游太阳能光伏企业的影响，王宏伟（Hongwei Wang）等人在 2016 年利用 2009—2015 年间上市太阳能光伏企业的季度面板数据对下游太阳能光伏 FIT 政策对解决产能过剩和提高盈利能力的影响进行了实证分析，结果表明：FIT 政策显著提高了上市太阳能光伏企业的库存周转率，并通过点燃下游国内市场解决了太阳能光伏产业的产能过剩问题；FIT 政策对中游上市公司和主要从事下游业务的混合产业链公司的存货周转率有显著影响，对上游产业链公司影响不大；FIT 政策显著提高了上市太阳能光伏企业的盈利能力；FIT 政策不能单独进行，应与税收和 R&D 政策相结合。W. 林（Lin W）等人在 2016 年展示了一种将 FIT 政策与碳排放交易计划相结合的方法，期望实现具有成本效益的气候政策方案。还有学者认为经济衰退导致了银行业与其他投资者不愿意为任何类型的中期或长期太阳能光伏产业提供资金，尽管他们认为这是合理的投资。为了防止 FIT 政策的崩溃对可再生能源电力发展的影响，应该向可再生能源配给制转变。

（3）有关光伏产业发展的研究。2005 年迈克尔（Michael）最早对太阳能光伏产业的整体发展进行了分析，写出了关于太阳能行业的发展研究报告，此后世界各国都有系列的太阳能行业发展研究报告出现。2006 年温弗里德（Winfried）在全球范围内对太阳能光伏发电的发展前景进行了预测分析，并对促进太阳能光伏发电的发展提出了要扩大市场和提高技术水平的建议。

2. 国内研究成果

（1）太阳能光伏产业发展现状的研究。2009 年张海总结了在 2009 年金融危机中中国太阳能光伏产业所面临的销售问题，并阐述了中国政府所实行的太阳能光伏产业政策与发展过程中所遇到的问题。2011 年李晓刚在技术经济与产业经济两个方面对中国太阳能光伏产业进行了研究分析，他认为国家太阳能光伏产业的发展应该具有国家战略、集群发展战略与商业竞争战略，并且对三个战略做了详细的阐述。张慧慧在 2019 年通过 SWOT 分析方法，对我国分布式光伏发电产业的优势、劣势、机遇等进行了分析，提出了应以政府为主导，切实推进分布式光伏发电发展的策略。陈烨运用了 SCP 范式，在创新视角下对太阳能光伏产业的发展进行了研究。研究结果发现创新与 SCP 相互影响并且共同促进太阳能光伏产业的发展，并且从政府与企业两个方面提出了建议：政府应该持续推进太阳能光伏产业政策创新，完善金融市场；企业应该重视研发与人才的引进，提高产业集中度。李雷等人认为中国太阳能光伏产业已经取得了长足的发展，但是仍存在着很多问题，如创新能力低、技术专利少、补贴依赖严重、产能过剩、产品质量不过关等。

（2）有关太阳能光伏产业政策的研究。国内学者关于太阳能光伏产业政策的研究主要集中在对国外发达国家相关政策的分析与借鉴。刘益君在 2010 年以美国、西班牙、德国与日本为研究对象，通过分析这几个国家太阳能光伏产业政策的优劣，为我国产业政策的制定提出了建议。太阳能光伏产业是资本和技术密集型的产业，因此其发展高度依赖政策驱动。孙红湘通过梳理我国现有的国家级政策，在对比中美德日四国的基础上，指出了我国在政策制定中存在忽视能源安全与环境保护、忽视消费需求与研发补贴、忽视产后补贴、缺乏预见性等问题。① 袁见对 2002—2012 年中国太阳能光伏产业政策进行了整理，并进一步做了梳理与统计，得出了中国太阳能光伏产业政策中生产政策过多、研发政策不足与政策内容单一的结论。② 丁芸等人梳理了我国新能源产业财税政策，并运用经济学理论分析财政政策和税收政策的效应。结果显示，财税政策有助于提升新能源产品的供求、福利水平、环境质量等诸多方面。但是由于财税政策依然存在若干问题，因此本研究提出针对性的政策建议。作为战略性产业的太阳能光伏产业，在政府产业政策的扶持下，出现了产能过剩的现象。③ 孙晋等人认为这是因为产业政策未能及时调整，实现与竞争政策的协调，并提出调整政府补贴的方向，加大对研发阶段的补贴力度，避免政府的不当干预，加快要素市场建设等建议。

二、绿色能源企业发展的影响因素

从现有研究来看，财政补贴在促进经济社会发展方面具有一定的推动作用。具体地，一是在经济发展方面，主要表现为对企业研发投入、投资规模、公司成长性和企业经营绩效的积极促进作用。二是在社会发展方面，可以提高社会雇员群体的纳税额和捐赠额等。宋丽颖等人 2016 年曾指出，财政补贴不仅有助于企业规模的壮大和经济效益的提升，而且还有助于推动技术创新和进步。然而，与此同时，部分研究却发现，财政补贴对企业获利能力的提高还具有一定的反向作用。此外，魏志华等人通过对部分新能源企业进行研究认为，财政补贴既不能在较大程度上影响企业获利能力，也不会增加投资者的投资回报率，而且该结论并不会因企业产权性质的变动而变化。④ 进一步地，江飞涛等人在 2009 年指出，财政补贴将对企业的投资方向产生一定的扭曲作用，从而降低企业投资的有效性，以致生产过剩由局部性过剩转向结构性和周期性过剩。事实

① 孙红湘. 基于国别比较的中国光伏产业发展政策创新研究 [J]. 技术与创新管理，2015，36：230-236，247.
② 袁见，安玉兴. 基于政策文本视角的中国光伏产业政策研究 [J]. 经济研究导刊，2014（7）：49-50.
③ 丁芸，胥力伟. 我国新能源产业财税政策效应研究 [J]. 经济研究参考，2015（38）：26-33，48.
④ 魏志华，吴育辉，李常青，等. 财政补贴，谁是"赢家"：基于新能源概念类上市公司的实证研究 [J]. 财贸经济，2015（10）：73-86.

上，长期以来，大部分学者在默认税收政策对企业发展的正向积极作用的同时，忽视了对税收优惠效果的分析。比如说，既有像田宇得出的税收优惠对新能源企业效率提升具有积极影响的结论①，也有像高铁梅等人提出的税收优惠对企业发展影响并无显著作用的观点②。

总之，以上观点充分表明，政府产业政策将会通过影响技术研发、投资融资、人力资本等要素间接影响企业长期发展。熊彼特（Schumpeter）曾指出，影响技术创新成功与否的关键之一就在于资金供应是否充足以及融资约束。法国学者萨维尼亚克（Savignac）在 2008 年通过对融资约束进行分析发现，企业融资约束对于技术创新发展具有一定的削弱可能，且削弱能力超过 20%。张玉明、刘德胜在 2010 年则发现人力资本是技术型企业长期稳定发展的重心之一。当然还有文献指出，绿色能源企业的投资回报率之所以具有特殊性，很大程度上在于该类企业的资本密集度以及创新风险较大两个方面。杨蕙馨、王篙在 2013 年通过对中小制造业企业进行实证研究发现，高新技术企业 R&D 投入与企业发展呈一定的"U 型"关系。同时，吴岩将科技型企业技术创新的影响因素划分为以产业发展为主的外部因素和以企业人力和物质两方面为主的内部因素。司艳玲通过研究社会资本与企业发展的关系指出，社会资本的存在可以通过解决融资约束困境而为企业提供充足资金，从而推动企业稳定快速发展。③

此外，有研究者认为通过增加创新领域的货币供给、人力资本供应以及扩大企业规模，新能源企业能够有效地解决技术创新过程中的融资问题，推动创新活动的持续发展。④ 张秀峰等人在 2019 年则发现在存在融资约束的条件下，企业很难实现企业的技术创新与广泛应用。

综上所述，目前关于企业成长及其影响因素的研究已硕果累累，然而关于我国绿色能源企业的现状以及长期发展的研究则稍显不足。同时，大多现有研究都将焦点汇集到了影响企业发展的内外部因素上。

① 田宇. 我国新能源产业财税政策研究 [D]. 北京：北京交通大学，2015.
② 张同斌，高铁梅. 财税政策激励、高新技术产业发展与产业结构调整 [J]. 经济研究，2012，47（5）：58-70.
③ 司艳玲. 债务融资结构对创业板上市公司成长性的影响研究 [D]. 深圳：深圳大学，2017.
④ 耿成轩，李梦，鄂海涛. 新能源企业融资生态与融资约束：基于中国 A 股新能源上市公司的实证分析 [J]. 华东经济管理，2018，32（1）：153-159.

三、民众对绿色能源支付意愿的研究

（一）国外研究现状

利用可再生能源替代化石能源已经成为世界各国政府减少温室气体排放的一项重要战略性措施，这一战略成功的关键在于了解消费者是否愿意为提高可再生能源发电在电力组合中的比例而付出更多的费用。考虑到绿色能源的成本要高于传统化石燃料，绿色能源的电价也要高于传统火电。自愿参与绿色能源计划、愿意为绿色能源支付更多费用的行为体现了责任心和使命感，旨在减少污染和温室气体排放。这项工作的成果惠及全体消费者，而不是仅由自愿者单独享有利益。因此，绿色能源也可以在一定程度上被视为具有公共物品的特性。为了达到使消费者支持绿色能源的发展的目标，除了制定支持绿色能源的政策机制外，同样重要的是要普遍调查消费者对绿色能源的支付意愿（Willingness to Pay，简称"WTP"）。世界各国学者在估计对绿色能源的支付意愿时，研究主要集中在了家庭偏好上。根据总结众多学者的研究报告，可以分为三种不同类型的 WTP 研究：第一类是估计愿意为绿色能源支付更多费用的家庭比例和这些家庭愿意为绿色能源多支付的数额；第二类是使用选择实验法（Choice Expirement，CE）去研究消费者对不同类型绿色能源的 WTP；第三类是使用条件估值法（Contingent Valuation Method，CVM）结合选择实验法，对绿色投资方案中可能会出现的可再生能源对环境的潜在影响进行 WTP 评估。第三类与前两类有不同之处，因为其研究的重点不是消费者对绿色能源的 WTP，而是绿色投资方案对环境的影响。

美国学者高特（Goett）等人在 2000 年使用选择实验法对 1205 名中小客户进行了电话—邮件—电话形式的采访，收集数据后用混合 logit 模型回归计算得出结果，发现客户非常关心绿色能源供应商的发展，78% 的客户愿意为当地供应商所生产的绿色能源支付一个更高的价格，平均每千瓦时愿意多支付 1.2 美元。同样地，艾莉森·M. 博彻斯（Allison M. Borchers）等人在 2007 年使用选择实验法评估自愿参与绿色能源项目的消费者的偏好和支付意愿，文中通过模型估计了一般"绿色能源"的 WTP，并且将其与特定来源（包括风能、太阳能、农场甲烷和生物质能）的 WTP 进行比较。研究结果表明，一般绿色能源边际单位的 WTP 为 1.3 美元每千瓦时，并且消费者对不同的可再生能源类型有不同的支付意愿，太阳能比其他的绿色能源更受欢迎，风能次之，而生物质能和农场甲烷是最不受欢迎的选择。此外，虽然消费者愿意为绿色能源进行较高的

支付，但是 WTP 不足以抵消可再生能源发电的成本，因此政府要将自愿计划与强制性支付制度结合起来 。蒂莫西·M. 科马雷克（Timothy M. Komarek）等人在 2011 年的研究中也显示出了同样的结果，他们通过对不同燃料形式的研究结果表明，风能与太阳能的 WTP 最高，另外还发现人们对核能的 WTP 不高，估计是因为人们对核能过多的恐惧。布莱恩·罗伊（Brian Roe）等人通过联合分析方法（Conjoint Analysis Methods）对美国消费者愿意为接触管制的电力服务的环境属性付费的意愿进行了分析。调查结果发现即使不调整发电能源的结构，很多人也愿意为了改善空气排放支付少量的费用，另外由可再生能源提供的绿色能源在电能中所占的比例对消费者的 WTP 有显著的影响，每当绿色能源的比例增加 1%，消费者每月使用 1kW·h 的电量每年的电费要多支付 6 美元①。扎尔尼考（Zarnikau）在 2003 年利用得克萨斯州电力公司进行的审议性民意调查的结果研究了报告中对可再生能源电力公用事业投资的支付意愿，发现信息的提供对消费者的支付意愿有很大的影响。当人们了解可再生能源相关方面知识后再参加相关的调研活动，支付意愿的中值从每月 1 美元上升到每月 4 美元，而支付意愿的均值却有略微地下降（从 7.2 美元降到 6.8 美元），因此增强消费者对可再生能源的认识可以提高绿色项目的 WTP 有很大的帮助。黛安娜·海特（Diane Hite）等人在 2008 年为了查明消费者是否愿意为生物质能支付额外费用，亚拉巴马州农业农村部和工业部在亚拉巴马州的四个地点举办了消费者会议。结果显示，消费者愿意支付的数额与成本的溢价相符，但是很多人对绿色能源的了解并不多。美国西南部拥有丰富的可再生能源，但是还从未有学者对该地区消费者对可再生能源的偏好进行研究。为了调查美国西南部新墨西哥州的家庭对可再生能源项目的支付意愿，学者帕尔拉布·莫祖姆德（Pallab Mozumder）等人在 2011 年利用条件估值法，模拟了两个不同场景（可再生能源电力在用电组合中分别占 10% 和 20% 的比例），来估计消费者对可再生能源电力的支付意愿。结果表明消费者愿意为可再生能源支付可观的产品溢价。在可再生能源电力占 10% 比例时，消费者愿意在目前平均电费的基础上多支付 14%（约 10 美元/月）；在可再生能源电力占 20% 比例时，消费者愿意在目前平均电费的基础上多支付 36%（约 25 美元/月），这符合市场上消费者对可再生能源的显示性偏好。②。2010 至 2011 年，共和党与民主党均提议要求能源部门强制性使用

① ROE B，TEISL M F，LEVY A，et al. US Consumers' Willingness to Pay for Green Electricity [J]. Energy Policy，2001，29（11）：917-925.

② MOZUMDER P，VASQVEI W，MARATHE A. Consumers' Preference for Renewable Energy in the Southwest USA [J]. Energy Economics，2011，33（6）：1119-1126.

清洁能源，为了评估公众对清洁能源标准法案（Clean Energy Standards Act）的支持程度，约瑟夫·E. 奥尔迪（Joseph E. oldy）在 2012 年进行了一项全国代表性的调查，调查发现普通美国人每年愿意支付 162 美元以应对更高的电费账单（95% 置信区间：128 美元至 260 美元），这比之前的电费支出上涨了 13%。

英国学者 S. L. 巴林（S. L. Barley）等人使用问卷邮寄的方法，对莱斯特市 746 人进行访问以研究消费者对绿色能源的支付意愿。结果表明，有 36±3.59% 的消费者对绿色能源有消费意愿，并且这些有 WTP 的消费者愿意为绿色能源多支付 19±2.48% 的费用。此外，一个人是否愿意为绿色能源支付更高的价格与消费者的态度、收入以及对绿色能源的了解程度显著相关，而愿意支付的溢价水平则与态度显著相关①。里卡多·斯卡尔帕（Riccardo Scarpa）等人在 2010 年在 2007 年底进行了一次全国性的大调查。调查样本是在英格兰、威尔士和苏格兰的家庭分层随机获取，这么选择的目的是反映英国人口的年龄、性别、社会阶级、就业状况、收入和地理位置，并且还涵盖了不同的住宅类型、住房年龄和供暖配置。最后回收了 1279 份有效问卷。斯卡尔帕等人使用了选择实验法，使用条件 logit 模型与混合 logit 模型分析了调查数据，结果表明，受访者愿意为太阳能发电支付 2381 英镑，为太阳能热水支付 2903 英镑，为风力涡轮机支付 1288 英镑。但是以 2008 年的物价来看，2 千瓦太阳能光伏单位的安装成本为 10638 英镑，2 千瓦太阳能热水装置的安装成本为 3904 英镑，这些成本都高于消费者的 WTP。② 同样，马里乌斯·C. 克劳迪（Marius C. Claudy）等人对爱尔兰的消费者进行了微发电技术 WTP 的调查研究，调查结果发现消费者对不同技术类型的 WTP 存在显著差异，其中，消费者对小型风力涡轮机的平均 WTP 为 8424 欧元；对木质颗粒锅炉的平均 WTP 为 5380 欧元；对太阳能电池板的平均 WTP 为 6208 欧元；对太阳能热水器的平均 WTP 为 3839 欧元。③

韩国学者柳承勋（Seung-Hoon Yoo）和郭素媛（So-Yoon Kwak）为了研究韩国消费者对绿色能源的支付意愿，2006 年在仁川、京畿道和首尔周围的大都

① BATLEY S L, FLEMING pD, URWIN P. Willingness to Pay for Renewable Energy: Implications for UK Green Tariff Offerings [J]. Indoor and Built Environment, 2000, 9 (3-4): 157-170.

② SCARPA R, WILLIS K. Willingness-to-Pay for Renewable Energy: Primary and Discretionary Choice of British Households' for Micro-Generation Technologies [J]. Energy Economics, 2010, 32 (1): 129-136.

③ CLAVDY M C, MICHELSEN C, O'DRISCOLL A. The Diffusion of Microgeneration Technologies——Assessing the Influence of Perceived Product Characteristics on Home Owners' Willingness to Pay [J]. Energy Policy, 2011, 39 (3): 1459-1469.

市区展开了家庭调查。整个大都市区的家庭总数为 7462090 户，约占全国家庭总数的一半。为了随机抽取这一人群的样本，抽样工作由一家专业的民意调查公司进行。调查对象为户主或家庭主妇，年龄在 20~65 岁之间，最后选定了 800 个访谈对象。因为电话访谈和邮件访谈效率太低，因此调查采用了面对面的采访方式。研究结果表明，使用参数模型时客户愿意每月支付 1681 韩元，使用非参数模型时客户每月愿意支付 2072 韩元。① 同样的，韩国学者李哲勇（Chul-Yong Lee）等人在 2016 年通过面对面的数据收集方式，获得了来自韩国 1000 个家庭的调查数据。估计结果表明消费者愿意每月额外支付 3.21 韩元用来购买可再生能源电力。另外，金智孝（Jihyo Kim）等人使用条件估值法在差异化商品框架下考察了韩国消费者对可再生能源电力的支付意愿。结果发现，韩国消费者将可再生能源电力视为一种有别于传统化石燃料或核能发电的产品，但是他们并不区分不同类型的可再生能源电力。此外，韩国普通家庭愿意每月额外支付 1345 韩元（1.25 美元）购买绿色能源。② 与其他发达国家相比，韩国消费者对绿色能源的支付意愿比较低，这也说明可以通过提高韩国消费者对绿色能源的认识进一步提高消费者的支付意愿。

德国学者彼得·格罗舍（Peter Grösche）等人在 2011 年以 2020 年绿色能源承诺为背景，深入了解消费者对电力结构绿色化的偏好。为了追踪消费者对化石燃料、可再生能源和核能在发电中特定组合的支付意愿，格罗舍进行了大规模的家庭调查，最终有效样本为 2948 份，使用选择实验方法结合随机参数模型对数据进行分析。结果表明，绝大多数消费者对绿色能源的 WTP 持有积极态度，但是对核电的 WTP 却持消极态度。消费者愿意为绿色能源支付的价格为 2.034~2.37 €/kW·h。在约瑟夫·凯恩齐格（Josef Kaenzig）等人 2009 年的调查中也可以得知德国消费者愿意为从目前的电力结构升级到更环保的电力结构支付更高的价格溢价（大约是 16%）。③

除了以上国家之外，日本、瑞士、意大利等国家也都进行了相关的研究。在意大利围绕着新能源政策的争论十分激烈，争论的焦点在能源类型的选择上

① YOO S H, KWAK S Y. Willingness to Pay for Green Electricity in Korea: A Contingent Valuation Study [J]. Energy Policy, 2009, 37 (12): 5408-5416.

② KIM J, PARK J, KIM J, et al. Renewable Electricity as a Differentiated Good? The Case of the Republic of Korea [J]. Energy Policy, 2013, 54: 327-334.

③ KAENZIG J, HEINZLE S, WUSTENHAGEN R. Whatever the Customer Wants, the Customer Gets? Exploring the GapBetween Consumer Preferences and Default Electricity Products in Germany [J]. Energy Policy, 2013, 53 (4): 311-322.

（化石能源、核能、风能、太阳能、生物质能等）。西西娅（Cicia）等人在意大利进行了一项全国的调查，调查样本有 504 个家庭。研究结果表明意大利家庭可以分为三种能源偏好的群体。第一类群体（人口比例为 35%）对风能和太阳能表现出强烈的偏好，并且不喜欢生物质能；第二类群体（人口比例为 33%）对太阳能和风能表现出适当的偏好，并且和第一类群体一样，他们既不喜欢核能，也不喜欢生物质能；第三类群体（人口比例为 32%）对所有的绿色能源表现出强烈的偏好，但是非常反对核能。① 日本学者野村伸（Nobori Nomura）和赤井诚（Makoto Akai）在 2004 年采用条件估值法对日本家庭每月愿为可再生能源支付更高费用的支付意愿进行调查，并报告了调查结果。结果表明，日本家庭可再生能源支付意愿的中值为每户每月约 2000 日元（按 115 日元/美元汇率计算，约为 17 美元）。芬兰学者安娜-凯萨·科塞尼乌斯（Anna-Kaisa Kosenius）和马尔库·奥利凯宁（Markku Ollikainen）在 2013 年通过选择实验法调查人们对风能发电、水能发电、农作物生物质能以及木材生物质能的偏好，并考虑了四种影响能源生产因素，即对生物多样性的影响、对就业的影响、碳排放状况、家庭的电费支出。通过嵌套 logit 模型分析，较高的收入、男性性别、年少和环保意识都对人们选择可再生能源有显著影响。与意大利不同的是，风力发电与生物质能发电是比较受欢迎的发电技术，而太阳能发电丝毫没有引起芬兰消费者的兴趣。基于陈述性偏好的计算，芬兰对可再生能源发电技术的总体支付意愿超过 5 亿欧元，但是这并不是实际市场的显示性偏好，政府还应引导民众增加对可再生能源发电的支付意愿。

以上研究中所阐述的绿色能源的 WTP 通常是陈述性偏好，而非显示性偏好。这引起了人们对"口头表达"的 WTP 比实际 WTP 高的担忧。综合以上研究来看，公开表示愿意支持绿色项目的人很多，对绿色能源的支付意愿也不算低，但是这与绿色能源项目的实际参与率较低形成了鲜明的反差。比如，绿色能源项目实际参与率是从 1%～3% 不等，通常不会超过 10%。② 布赖恩斯（Byrnes）等人同样发现在受访者中有 74% 的受访者表达出对绿色能源的支付意愿，但是实际操作中只有 13% 的受访者承诺支付这样的费用。面对这种状况，分析清楚影响消费者对绿色能源支付意愿的因素就显得尤为重要了。

---

① CICIA C, CEMBALO L, GIUDICE T D, et al. Fossil Energy Versus Nuclear, Wind, Solar and Agricultural Biomass: Insights from an Italian National Survey [J]. Energy Policy, 2011, 42: 59-66.

② ZORIC J, HROVATIN N. Household Willingness to Pay for Green Electricity in Slovenia [J]. Energy Policy, 2012, 47: 180-187.

为了对绿色能源的 WTP 进行建模分析，学者们采用了多种离散选择，即二项、多项、嵌套、混合 logit/probit 模型。通过建模分析发现，影响人们对绿色能源支付意愿的因素有人口统计学因素①、家庭收入、教育因素、环境意识、对绿色能源的态度，还有利他行为。

（二）国内研究现状

目前国内关于民众对绿色能源的支付意愿相关的研究还不多，已有的研究多是英文文献阐述国内问题，中文文献基本是空白状态。国内问题的研究主要集中在两个方面：一是评估消费者对绿色能源的支付意愿；二是分析影响消费者对绿色能源支付意愿的相关因素。

张磊、武阳在 2010 年 5 月至 6 月期间在江苏进行问卷调查。他们通过随机抽样选取样本，以电子邮件和纸质问卷两种方式进行访问。其中，电子邮件是通过电子邮箱和 QQ 平台进行，纸质问卷是通过邮寄来进行。两种方式共发放 1250 份问卷，回收 1188 份（电子邮件 652 份；纸质问卷 536 份），经过筛选，符合条件的有效问卷是 1139 份，有效率为 91.1%。基于对绿色能源的非使用价值②的分析结合条件估值方法，作者计算出江苏省城镇居民对绿色能源的支付意愿在 7.91 元~10.30 元/月之间（按 6.83 汇率计算约为 1.15 美元~1.51 美元），这与韩国调查结果大致相等，但是比美国和日本低得多。另外，此研究还探讨了不同 WTP 水平时人口变量的差异以及同一 WTP 水平时人口变量的不同边际效应。研究结果表明，在人口统计变量上，不同人群显示出了显著的差异，比如受教育程度、家庭收入和居住地点。此外，拥有高收入和受过高等教育的受访者更愿意为了环境而为绿色能源多支付费用。③ 刘文玲等人为了研究农村居民对可再生能源的接受程度，采用了问卷调查的方式，以山东省为调查对象进行了相关调查，调查结果发现农村居民愿意为可再生能源电力的高成本支付相应的费用，他们也将此看作农村居民对可再生能源的接受度较高，另外通过实证得出了农村居民对可再生能源的支付意愿与个人知识水平、家庭收入是正向影

---

① 人口统计学特征包括年龄、性别、民族、家庭居住地等。

② 作者认为绿色能源的价值主要表现在非使用价值上。首先，在中国的电力市场上，消费者没有选择电力供应商的自由，因为他们所有的电力需求都是由国家电网统一调配，自己无法选择不同类型的能源，因此消费者没有办法真正拥有绿色能源的使用价值。其次，在上述情况下，促使消费者购买绿色能源的关键因素是其对环境的影响。因此，绿色能源的价值主要表现在非使用价值的社会效益方面。

③ ZHANG L, WU Y. Market Segmentation and Willingness to Pay for Green Electricity Among Urban Residents in China: The Case of Jiangsu Province [J]. Energy Policy, 2012, 51, 514-523.

响，与年龄是负向影响。[1] 郭修瑞等人通过面对面的采访方式对北京地区随机抽取的 700 名参与者进行采访，最后得到有效问卷 571 份。调查发现，54%的受访者对可再生能源电力有支付意愿。通过采用条件估值法进一步对 WTP 进行估计，北京居民平均每月对可再生能源的支付意愿为 2.7 美元~3.3 美元（18.5元~22.5 元人民币）。调查还发现影响受访者选择的主要因素有收入、用电量以及对可再生能源的了解（能源知识）。[2] 上海是我国经济发展的龙头城市，其可再生能源的发展速度也较快，2003 年 9 月，"能源机制"示范工作的启动，意味着上海成为中国第一个实施绿色能源机制的城市。哈斯特（Hast）在 2015 年为了研究中国消费者对绿色能源的消费意向，采用了线上线下两种途径调查了上海市居民对绿色能源的态度以及他们的支付意愿，结果表明，环保、节能是影响他们支付意愿的主要原因。天津是北方典型的雾霾城市，谢柏晨、赵伟运用 Logit 回归和多元线性回归方法，探讨了天津居民对绿色能源的支付意愿及支付意愿的影响因素。结果显示，67.3%的受访者对发展绿色能源持有积极态度，他们每月愿意为绿色能源支付 32.63 元人民币，这个数值还是比较高的。除了收入、受教育程度、年龄、性别、对可再生能源的了解程度、对政府的信任等因素外，作者提出了不同于其他研究的影响变量——呼吸系统疾病。自己或者亲属有呼吸系统疾病的受访者对绿色能源的支付意愿更高。[3]

四、绿色能源消费与宏观经济增长关系研究综述

现有的研究主要集中在经济增长和能源消耗上。1978 年克拉夫特（Kraft）等人研究了美国 GNP 与能源消耗之间的关系，这一开创性的论文引起了许多学者的关注。此后有关经济增长与能源消费的成果不断增多，对二者关系的研究提供了多方面的经验证据，但得出的结论并不一致。

原因之一是不同学者在研究中使用了不同的经验方法和变量测量。娜拉基安（Nara Gean）等人于 2007 年使用格兰杰因果检验测量了 G7 国家能源消耗与经济增长之间的关系，得出了二者之间并没有因果关系的结论。图格楚（Tugcu）等人在 2012 年通过自回归分布滞后（ARDL）模型得出了 G7 国家的经

---

① LIU W L, WANG C, ARTHUR pJ. Rural Public Acceptance of Renewable Energy Deployment: The Case of Shandong in China [J]. Applied Energy, 2013, 102: 1187–1196.

② GUO X R, LIU H F, MAO X Q, et al. Willingness to Pay for Renewable Electricity: A Contingent Valuation Study in Beijing, China [J]. Energy Policy, 2014, 68: 340–347.

③ XIE B C, ZHAO W. Willingness to Pay for Green Electricity in Tianjin, China: Based on the Contingent Valuation Method [J]. Energy Policy, 2018, 114: 98–107.

济增长与能源消耗之间相互影响。图格楚在 2017 年使用多元面板数据模型进行实证研究，发现能源消耗对 G7 国家的经济增长具有单向影响。另一个原因可能是国情不同，即使使用相同的分析框架和采用相同的测量方法，能源消耗与经济增长之间的关系在不同的国家也会有所不同。易卜拉欣（Ibrahiem）在 2015年使用 ARDL 模型发现了经济增长与可再生电力消费之间的双向因果关系。阿姆理（Amri）在 2017 年对阿尔及利亚进行研究得出能源消费对经济增长具有单向因果关系。坎瓦尔（Kanwal）在 2017 年采用 ARDL 模型和 Johansen-Julius 检验表明巴基斯坦的能源消耗与经济增长之间存在双向因果关系。

很多学者也对中国进行了相关研究。2010 年 10 月国务院发布了《国务院关于加快战略性新兴产业培育和发展的决定》，这是中国首次明确提出发展战略性新兴产业的目标，强调了新能源产业在中国经济发展中的重要作用。在 2010 年之前，学者们着重研究了传统能源消耗与经济增长之间的关系。林伯强应用误差校正模型研究了电力消耗与经济增长之间的关系，发现两者存在的长期均衡关系。[1] 在此基础上，林伯强与魏巍贤等人进一步研究了 1980—2004 年中国GDP 与煤炭消费之间的格兰杰因果关系，并指出 GDP 与煤炭消费之间存在单向格兰杰因果的特征。[2] 刘凤朝等人在 2007 年研究了 1988—2005 年中国经济增长与能源消耗之间的关系，认为经济增长与能源消耗是内生的，并且相互之间具有积极影响。2010 年之后学者开始研究新能源消费与经济增长的关系。郭四代等人在 2012 年使用线性回归模型来证明新能源和传统化石燃料能源的消费都可以促进中国经济的增长。李强等人在 2013 年为了比较传统化石能源与新能源对经济推动力的差异，采用实证模型对二者的经济贡献率进行了详细的测算，测算结果表明新能源对经济推动力更大。徐炜在 2017 年同样采用时间序列模型，利用中国1991—2014 年的数据进行了实证分析，得出二者具有双向的正向关系的结论。

本章小结

本章首先对绿色能源的概念进行了界定，与常规能源相比，在使用过程中对环境造成很小或者不造成负面影响的能源称为绿色能源，其中包括太阳能、

---

[1] 林伯强. 电力消费与中国经济增长：基于生产函数的研究 [J]. 管理世界，2003，（11）：18-27.

[2] 林伯强，魏巍贤，李丕东. 中国长期煤炭需求：影响与政策选择 [J]. 经济研究，2007，（2）：48-58.

风能、水能、地热能、生物质能等可再生能源和核能。其次详细论述了可持续发展理论、市场失灵理论、产业组织理论与产业规制理论，可持续发展理论为绿色能源的发展提供了理论依据，市场失灵理论、产业组织理论与产业规制理论为绿色能源产业在国民经济中健康有序发展提供了理论工具。最后，在广泛阅读国内外相关文献的基础上梳理了风能产业、太阳能产业以及核能产业的研究状况，同时梳理了国内外民众对绿色能源支付意愿的相关研究。

目前来看，国内外学者在财税政策、价格制度、支付意愿等方面对能源产业的研究成果已经足够丰富，但是对于绿色能源产业发展的相关研究还有待进一步深入。

第一，现有文献多集中在对中国绿色能源发展现状与国外绿色能源发展现状的描述，但是中国绿色能源的发展与国外绿色能源产业发展的差异性在什么地方，国外发展绿色能源产业的经验和教训有哪些值得中国借鉴，哪些是中国可以选择忽视的尚未有相关研究。

第二，目前国内外有关民众对绿色能源支付意愿的研究范围多集中在国外或者国内的某些地区，并无在中国全国范围内进行的相关研究。中国与国外在自然禀赋、民族习俗、社会发展等方面都存在差异性，因此对绿色能源的态度和支付意愿也必然存在不同，以国外样本来衡量中国民众对绿色能源的支付意愿的研究并不合适，需要以全国为样本来展开研究。

第三，目前经济增长和能源消耗之间的关系研究主要以传统化石能源为对象，通过实证分析得出化石能源对经济增长的推动作用并不是可持续的，而是随着经济的发展，传统能源对经济增长的推动作用会出现"增长极限"的困境。但是以绿色能源为研究对象，来研究与经济增长的关系的相关研究几乎是空白的。社会对经济发展质量的要求会逐步提高，传统化石能源已经不能满足人们的发展需求，研究绿色能源对经济增长是否具有可持续的推动作用有着很强的理论意义和现实意义。

第三章

中国绿色能源产业发展现状

本章对绿色能源产业中的水电、核电、风电和光伏产业的发展以及演变历程加以分析与回顾，另外也对 1990—2018 年之间各类产业政策进行整理分类，以便对中国绿色能源产业的产业政策进行全方位的理解与分析。

第一节　中国绿色能源产业发展历程和现状

一、中国水能发电产业

水电属于传统的绿色能源，在发电过程中不产生二氧化碳、二氧化硫及各种烟尘的排放。水电也是中国发展最早、总量最大的绿色能源。

（一）中国水能资源分布

水电来自水能的电力。水能资源是指水体的动能、势能和压力形成的能源。水能资源在类别区分上可以分为狭义水能资源与广义水能资源。狭义水能资源是指河流水能资源，而广义水能资源除了包含狭义水能资源外还包括了潮汐水能、波浪能和海洋热能等资源。截至目前，中国主要发展的水能资源是狭义水能资源，而广义水能资源如潮汐能、波浪能等，尚处于起始阶段。

中国水能资源最为丰富，排名世界首位。水能资源来源于中国独特的阶梯状的地理地貌。几百万年前，地壳运动造成了青藏高原的隆起，从空中俯瞰中国大地，地势犹如阶梯一样，自西向东，逐渐降低，分为三个阶梯。第一阶梯为青藏高原，平均海拔在 4000 米以上；第二阶梯由塔里木盆地、准噶尔盆地、内蒙古高原、黄土高原、四川盆地、云贵高原组成，平均海拔在 1000～2000 米；第三阶梯由东北平原、华北平原、长江中下游平原等组成，平均海拔在 1000 米以下。正是由于中国西高东低、海拔落差大，才形成了巨大的水能资源。丰富的水能资源通过水电站的建设而转换成水电，即绿色能源。

受地势影响，中国的主要河流均发源于青藏高原，并且直接或者间接向东、向南流入海洋。在一、二阶梯与二、三阶梯连接处海拔落差最大，水能资源也最为丰富，蕴藏量为 6.8 亿千瓦，位居世界第一。中国水能资源总量虽然丰富，但地区分布极为不均衡。中国西部 12 个省的水能资源大约占全国水能总量的80%，其中特别是西南地区云、贵、川、渝、藏就占了总量的三分之二。北方大部分地区地势平坦，水能资源相对很少。

中国水能资源主要集中在四大水系：长江水系、雅鲁藏布江水系、黄河水系与珠江水系。长江水系是蕴含水能资源最为丰富的水系，金沙江、雅砻江、大渡河、澜沧江、长江上游等都是主要的水电能源基地。这些水系的开发已经形成了规模聚集，即梯形开发，在此基础上建成的大型水电站有利于实现"西电东送"。

（二）中国水能发电发展历程

中国水电行业发展历程有百年之久。1908 年云南石龙坝水电站开始建设，1912 年正式投入生产使用，这是中国历史上第一座水电站。1912 年投产时的装机容量为 480 千瓦，后面经过多次扩建，到 1958 年时装机容量达到了 6000 千瓦。截止到 1949 年，中国水电总装机量仅为 36 万千瓦，发展极为缓慢。新中国成立后，水电发展开始进入新的历程。根据中国水电发展的历史特点，中国水电发展历程可分为三个阶段：初始期（1949—1979）、探索期（1980—2000）、发展期（2001 年至今）。

1. 初始期（1949—1979）

新中国成立伊始，中国水电产业发展面临着技术水平低、资金数额少、起步时间晚、生产资料短缺、国际经济封锁等各种发展难题的制约，但在党和国家的强力推动下，全国水电工作者艰苦奋斗，开启了中国水电发展的新篇章。当时在中央水利部下属 14 个工程局（后增加到 15 个），分布在中国水利资源密集的省份专门从事水电建设。

抗日战争期间日本侵略者在吉林建设了丰满水电站（2019 年被爆破），新中国成立后对丰满水电站进行了加固、改善、扩建等工作，使其继续生产电力。同时对龙溪河、上犹江、永定河等中小河流制定了开发规划，设计建设了狮子滩水电站、黄坛口水电站、上犹江水电站、流溪河水电站、佛子岭水电站、梅山水电站以及新疆乌拉泊水电站等中小型水电站。中小型水电站的建设优势是工期短、投资少，这正符合当时中国的国情，因此，中小型水电站的建设速度极为迅速。

1957 年开始建设三门峡水电站，1960 年基本建成，被誉为"万里黄河第一坝"，并兼备防洪、防凌、灌溉、供水功能，作为水利枢纽工程。三门峡水电站最初由苏联援建，但苏联并无治理泥沙的经验，一度使得黄河泥沙的治理成为最大的难题，后经中国人自己的努力终于解决了困扰多年的泥沙问题。1957 年中国又开始兴建另一个大型水电站——新安江水电站。新安江水电站是中国自主设计、自主建设的第一座大型水电站，这是中国水电站发展史上的重要节点。1958 年在黄河上游开始建设刘家峡水电站，这座水电站是中国首座百万千瓦级的水电工程，同时，黄河上游另一水电工程八盘峡水电站也正式开建。1975 年刘家峡水电站正式建成投入使用，使用初年，刘家峡水电站总装机量就达到了122.5 万千瓦，这在中国水电发展史上是具有标志性意义的重大进步。1970 年中央为了缓解三线建设地区工业用电十分紧缺的局面，在对葛洲坝工程进行研究之后，做出了建设葛洲坝水电站的决定，当年 12 月正式开始建设葛洲坝水利枢纽工程。葛洲坝水电站是长江上第一座大型水电站，在初始期开始兴建，在探索期竣工，于 1981 年开始投产，至 1988 年全面竣工投入生产后总装机容量可达 271.5 万千瓦，年发电量可达 158 亿千瓦时，为缓解当地用电紧张问题做出了巨大的贡献。

表 3-1 列出了初始期（1949—1979 年）中国主要水电工程的基本信息，包括名称、所属河流、所在省份、开建年份和投产年份。从表中可以看出，这一时期的建设重点主要集中在长江、黄河、松花江、淮河等流域，其中丰满水电站是新中国成立前就已存在的工程，新中国成立后对其进行了改造和扩建；新安江水电站和刘家峡水电站则是这一时期自主设计和建设的标志性工程，体现了中国水电技术的重大进步。

表 3-1 初始期水电工程

序号	名称	所属河流	所在省份	开建年份	投产年份
1	丰满水电站	松花江	吉林	1937	1943
2	狮子滩水电站	龙溪河（长江支流）	重庆	1954	1956
3	黄坛口水电站	钱塘江支流	浙江	1951	1959
4	上犹江水电站	上犹江（长江支流）	江西	1955	1957
5	流溪河水电站	流溪河（珠江支流）	广东	1956	1959
6	佛子岭水电站	淮河支流	安徽	1952	1954

序号	名称	所属河流	所在省份	开建年份	投产年份
7	梅山水电站	淮河支流	安徽	1954	1956
8	新安江水电站	钱塘江支流	安徽	1957	1960
9	刘家峡水电站	黄河上游	甘肃	1958	1975
10	八盘峡水电站	黄河上游	甘肃	1968	1975
11	葛洲坝水电站	长江	湖北	1971	1981
12	白山水电站	松花江	吉林	1975	1983

在此期间，混凝土温度控制、坝基抽排减压等一系列技术创新缩短了中国与发达国家建设水电站的差距，地质勘探、水文泥沙等专业理论也取得了明显的进步，这些技术的创新与理论的提出为后来中国水电的发展奠定了坚实的基础。

表3-2详细列出了1949—1979年中国水电与火电的发电量及其占比变化。从表中可以看出，水电发电量从1949年的7.00亿千瓦时增长至1979年的501.20亿千瓦时，增长了约70倍；而火电发电量从1949年的36.00亿千瓦时增长至1979年的2318.30亿千瓦时，增长了约64倍。尽管水电发电量增长显著，但其占比在20世纪70年代后期有所下降，主要原因是火电的快速发展。例如，1974年水电发电量占比达到24.54%，为历史最高点，但到1979年回落至17.78%。

虽然1949—1979年为中国水电建设的初始期，但在这一阶段的水电建设也是硕果累累，并具有一些标志性成果：分别在黄河、长江建设了第一座水电站；自主建设了新安江水电站；投产首座百万千瓦水电站——刘家峡水电站。

表3-2 1949—1979年水电与火电发电详表

年份	总发电量（亿千瓦时）	水电		火电	
		发电量	所占比例	发电量	所占比例
1949	43.00	7.00	16.28%	36.00	83.72%
1950	46.00	8.00	17.39%	38.00	82.61%
1951	57.00	9.00	15.79%	48.00	84.21%
1952	72.61	12.60	17.35%	60.01	82.65%

续表

年份	总发电量（亿千瓦时）	水电		火电	
		发电量	所占比例	发电量	所占比例
1953	91.95	15.40	16.75%	76.55	83.25%
1954	109.86	21.82	19.86%	88.04	80.14%
1955	122.77	23.60	19.22%	99.17	80.78%
1956	165.93	34.60	20.85%	131.33	79.15%
1957	193.35	48.20	24.93%	145.15	75.07%
1958	275.31	41.05	14.91%	234.26	85.09%
1959	422.89	43.60	10.31%	379.29	89.69%
1960	594.24	74.12	12.47%	520.12	87.53%
1961	480.50	74.07	15.42%	406.43	84.58%
1962	457.95	90.42	19.74%	367.53	80.26%
1963	489.76	86.90	17.74%	402.86	82.26%
1964	559.76	105.96	18.93%	453.80	81.07%
1965	676.04	104.14	15.40%	571.90	84.60%
1966	825.22	126.17	15.29%	699.05	84.71%
1967	773.75	131.37	16.98%	642.38	83.02%
1968	715.84	115.00	16.07%	600.84	83.93%
1969	940.28	160.12	17.03%	780.16	82.97%
1970	1158.62	204.58	17.66%	954.04	82.34%
1971	1383.57	250.59	18.11%	1132.98	81.89%
1972	1524.50	288.20	18.90%	1236.30	81.10%
1973	1667.60	389.00	23.33%	1278.60	76.67%
1974	1688.50	414.40	24.54%	1274.10	75.46%
1975	1958.40	476.30	24.32%	1482.10	75.68%
1976	2031.30	456.40	22.47%	1574.90	77.53%
1977	2234.04	476.48	21.33%	1757.56	78.67%

续表

年份	总发电量（亿千瓦时）	水电		火电	
		发电量	所占比例	发电量	所占比例
1978	2565.52	446.32	17.40%	2119.20	82.60%
1979	2819.50	501.20	17.78%	2318.30	82.22%

数据来源：由国家统计局统计数据与中国电力统计年鉴数据整理而成。

2. 探索期（1980—2000）

1978 年党召开了十一届三中全会，会上确定了我国全面实行改革开放政策。在经济体制改革的大背景下，水电产业也进行了建设体制的改革与探索。水电建设制度改革分为三个阶段：工程概算总承包责任制、项目业主责任制和项目法人责任制，各阶段均有一批代表性工程（见表 3-3）。

1980 年年初，水电工程建设开始实行工程概算总承包责任制。在此制度下相继建设了白山、红石与太平湾水电站。这种体制打破了原有的以平均主义为特征的计划经济体制，为后来的进一步改革打下了基础。1982 年国家在建设鲁布革水电站时遇到了困难，由于国家拨出的建设资金只能维持施工队伍工资，因此，工程进展十分缓慢，前后拖延了 7 年都未能按时开工。为解决这个问题，鲁布革水电站率先引用世界银行贷款，并且工程建设实行了招标投标制度，首次引入了竞争机制，打破了长期以来的自营建设体制。这种改变所带来的效果十分惊人，竣工时间比合同工期提前了 122 天，大大提高了建设效率。鲁布革水电站的成功给中国水电工作者带来了深刻的反思，促使他们开始认真了解国外市场经济下所实行的项目管理机制和方法。这个时候开始实行了项目业主负责制，国家由拨款改成了贷款，并且在生产过程中引入了竞争机制，打破了垄断，迅速由计划经济向市场经济转变。水口、岩滩等 5 个水电站就是业主负责制制度下的典型代表工程。在党的十四大提出建设社会主义市场经济体制的方针后，中国电力领域进行了全面的体制改革。在水电建设中，老水电项目开始实行了公司化改制，按照公司法对新项目成立有限公司进行规范化运作，这与业主负责制不同之处为法人负责制。二滩、五强溪水等水电站是项目法人责任制制度下的典型代表工程。

1992 年全国人民代表大会通过了建设三峡水利工程的申请，1994 年开始动工建设，于 2009 年全部完工。三峡水电站是中国乃至世界上最大的水电站，并且在防洪、航运、水力发电方面均发挥着重要的作用。1997 年国家电网有限公司成立，代表中央成了水电投资的主要角色，在成立之初，国家电网便推动了龙滩水电站、公伯峡水电站、洪家渡水电站等水电站的前期准备工作。

截止到 1999 年，全国水电装机量为 9297 亿千瓦，年发电量 2219 亿千瓦时，位居世界第二。

表 3-3 探索期水电建设工程

序号	名称	所属河流	所在省份	开建年份	开始发电年份
1	红石水电站	松花江	吉林	1982	1985
2	白山水电站	松花江	吉林	1975	1983
3	太平湾水电站	鸭绿江	辽宁（与朝鲜共建）	1983	1985
4	鲁布革水电站	黄泥河（珠江支流）	滇桂黔接合部	1982	1988
5	二滩水电站	雅砻江下游	四川	1991	1998
6	葛洲坝水电站	长江	湖北	1971	1981
7	水口水电站	闽江	福建	1987	1996
8	岩滩水电站	红水河（珠江支流）	广西	1985	1992
9	五强溪水电站	沅江（长江支流）	湖南	1986	1994
10	隔河岩水电站	长江支流	湖北	1986	1992
11	漫湾水电站	澜沧江	云南	1986	1995
12	三峡水电站	长江	湖北	1994	2006

注：上表中葛洲坝水电站和白山水电站属于跨期建设的水电站，兴建的年份在初始期，但竣工年份在探索期，因此两边都有列表。

探索期中国水电建设迈上新台阶，装机容量和发电量不断攀升。如表 3-4 所示，1987 年发电量越过 1000 亿千瓦时的大关，达到 1000.07 亿千瓦时；10 年之后，即 1998 年越过 2000 亿千瓦时大关，达到 2042.95 亿千瓦时。该期水电总发电量由 1980 年的 582.11 亿千瓦时上升到 2000 年的 2431.34 亿千瓦时，增长 417.68%，是初始期末 1979 年的 4.85 倍。从水电发电量占总发电量的比例来看，由 1980 年的 19.36% 上升到该期的最高点——1983 年的 24.57%（没有超过初始期的最高点 1957 年的 24.93%），此后，由于中国经济增长电力需求的快速上升，火电发展速度大大加快（火电的建设周期远低于水电），水电占比呈逐年波动下降趋势，到 2000 年回落到 17.77%，略低于初始期末 1979 年的 17.78%。从特征上来说，水电发电总量快速上升，但占比波动下降。

表 3-4　1980—2000 年水电与火电发电详表

年份	总发电量（亿千瓦时）	水电		火电	
		发电量	所占比例	发电量	所占比例
1980	3006.20	582.11	19.36%	2424.09	80.64%
1981	3092.69	655.46	21.19%	2437.23	78.81%
1982	3267.78	743.99	22.77%	2523.79	77.23%
1983	3514.39	863.57	24.57%	2650.82	75.43%
1984	3769.91	867.84	23.02%	2902.07	76.98%
1985	4106.90	923.74	22.49%	3183.16	77.51%
1986	4495.71	944.80	21.02%	3550.91	78.98%
1987	4973.21	1000.07	20.11%	3973.14	79.89%
1988	5450.65	1091.50	20.03%	4359.15	79.97%
1989	5846.80	1184.54	20.26%	4662.26	79.74%
1990	6213.18	1263.50	20.34%	4949.68	79.66%
1991	6774.94	1248.45	18.43%	5526.49	81.57%
1992	7541.89	1314.66	17.43%	6227.23	82.57%
1993	8389.19	1507.43	17.97%	6856.86	81.73%
1994	9278.78	1667.86	17.97%	7470.49	80.51%
1995	10069.48	1867.72	18.55%	8073.43	80.18%
1996	10793.58	1869.18	17.32%	8778.01	81.33%
1997	11342.04	1945.71	17.15%	9252.15	81.57%
1998	11576.97	2042.95	17.65%	9388.12	81.09%
1999	12331.41	2129.27	17.27%	10047.37	81.48%
2000	13684.82	2431.34	17.77%	11141.90	81.42%

数据来源：由国家统计局统计数据与中国电力统计年鉴数据整理而成。

3. 发展期（2001 年至今）

21 世纪以来，随着市场经济的进一步发展，中国水电投资引入了竞争机制，实行了投资主体多元化、现代企业管理正规化。这些市场化改革极大地促进了水电产业的发展。同时，西部大开发与西电东送的战略为西部水电的发展带来了发展机遇。澜沧江、金沙江、乌江、长江上游等水能资源丰富的流域得到了规范且有序的开发，向家坝水电站、小湾水电站等一大批国家水电工程相继开工建设，中国水电产业从设备制造到设备管理，再到建设发电各个环节得到了全面的提高，水能发电量也快速增加。当前，中国水电建设技术和施工管理达到世界领先水平。

2004 年黄河流域公伯峡水电站开始投入生产，中国水电装机量开始突破 1 亿千瓦，正式成为世界第一水能发电的国家，随着 2010 年澜沧江流域小湾水电站投入生产，中国水电装机总量又突破了 2 亿千瓦。截至 2017 年年底，中国水电装机总量达到了 34119 万千瓦，发电量达到了 11898.40 亿千瓦时，占当年电力总生产量的 18.32%。

如表 3-5 所示，众多水电站在发展期纷纷开建并投入发电。这些水电站的建设与投产，充分展示了中国水电产业在发展期的蓬勃活力和巨大成就。

表 3-5 发展期水电建设工程

序号	名称	所属河流	所在省份	开建年份	开始发电年份
1	小浪底水电站	黄河中游	河南	1990	2001
2	公伯峡水电站	黄河上游	青海	2001	2004
3	龙滩水电站	红水河（珠江支流）	广西	2001	2010
4	小湾水电站	澜沧江	云南	2002	2010
5	洪家渡电站	乌江（长江上游）	贵州	2000	2004
6	溪洛渡水电站	金沙江下游	四川与云南交界	2005	2014
7	三板溪水电站	沅江（长江支流）	贵州	2002	2006
8	向家坝水电站	金沙江	四川	2008	2015
9	糯扎渡水电站	澜沧江	云南	2004	2012

序号	名称	所属河流	所在省份	开建年份	开始发电年份
10	锦屏二级水电站	锦屏大河湾（雅砻江干流）	四川	2007	2012
11	拉瓦西水电站	黄河上游	青海	2002	2009
12	白鹤滩水电站	金沙江下游	云南与四川交界	2013	2018
13	乌东德水电站	金沙江下游	云南与四川交界	2015	2021

发展期的中国水电建设进入更快速度增长阶段，不断越过新的台阶。如表3-6所示，2004年水电发电量越过3000亿千瓦时大关，达到3535.40亿千瓦时；仅过两年时间，到2006年发电量突破4000亿千瓦时大关，达到4357.90亿千瓦时；2008年突破5000亿千瓦时大关，达到5851.90亿千瓦时；紧接着，2009年突破6000千瓦时大关，达到6156.40亿千瓦时；2010年、2012年、2013年分别突破7000亿、8000亿、9000亿千瓦时大关，水电发展进入超高速增长阶段，2014年突破1亿千瓦时大关，达到10643.40亿千瓦时，2017年达到11898.40亿千瓦时，较2001年增长了355.69%。进入21世纪以后，中国经济一度进入超高速增长，对能源的需求也进一步增大。与此同时，煤炭消耗量达到空前的高度，2012年开始，煤炭消耗量超过了40亿吨。在这种情况下，水电发电量所占比重上升较慢，2015年达到该期最高点19.44%之后，2017年回落到18.32%，但仍高于初始期和探索期的期末占比。

表3-6　2001—2017年水电与火电发电详表

年份	总发电量（亿千瓦时）	水电		火电	
		发电量	所占比例	发电量	所占比例
2001	14838.56	2611.08	17.60%	11834.30	79.75%
2002	16540.00	2879.70	17.41%	13381.40	80.90%
2003	19105.80	2836.80	14.85%	15803.60	82.72%
2004	22033.10	3535.40	16.05%	17955.90	81.50%
2005	25002.60	3970.20	15.88%	20473.40	81.89%
2006	28657.30	4357.90	15.21%	23696.00	82.69%
2007	32815.50	4852.60	14.79%	27229.30	82.98%
2008	34668.80	5851.90	16.88%	27900.80	80.48%

续表

年份	总发电量（亿千瓦时）	水电		火电	
		发电量	所占比例	发电量	所占比例
2009	37146.50	6156.40	16.57%	29827.80	80.30%
2010	42071.60	7221.70	17.17%	33319.30	79.20%
2011	47130.20	6989.50	14.83%	38337.00	81.34%
2012	49875.50	8721.10	17.49%	38928.10	78.05%
2013	54316.40	9202.90	16.94%	42470.10	78.19%
2014	56495.80	10643.40	18.84%	42686.50	75.56%
2015	58145.70	11302.70	19.44%	42841.90	73.68%
2016	61424.90	11933.70	19.43%	44370.70	72.24%
2017	64951.40	11898.40	18.32%	46627.40	71.79%

数据来源：由国家统计局统计数据与中国电力统计年鉴数据整理而成。

（三）其他水能资源发展概况

其他水能资源包括潮汐能、波浪能等，中国是潮汐能源丰富但波浪能源不丰富的国家。目前在中国只有潮汐能进入初步的投产使用中，而波浪能开发规模很小，在电力组成中可以忽略不计。

潮汐是由月亮和太阳的吸引力而产生的海水定时涨落的现象，潮汐能也就是海水周期性涨落而形成的落差所带来的动能与势能。中国潮汐能的理论蕴藏量高达1.1亿千瓦，可开发总装机量为2179万千瓦，年发电量可高达624亿千瓦时，但是中国潮汐能资源的地理分布极不均匀。沿海潮差以东海最大，黄海次之，渤海与南海最小；从区域分布来看，潮汐能主要集中在华东沿海地区，其中以福建、浙江、江苏三省最多，占中国可开发潮汐能总量的88%。在浙江、江苏与福建三省中，浙江可开发潮汐能资源的装机容量最多。浙江省海岸线曲折，有众多海湾、河口和岛屿，位于潮汐能丰富的强潮地区。根据20世纪80年代的人口普查结果统计，浙江省已装机的潮汐能资源可占全国的40.8%，可用发电量可占全国的42.7%。

自20世纪50年代起，中国在东南沿海兴建了40余座小型潮汐发电站，但是因为缺少科学研究以及正规的勘测设计，再加上选址不当、设备简陋、海水腐蚀等问题，大多数发电站在运行一段时间后就废弃或者停产。20世纪70年代末，国家又建设了一批较为大型的潮汐能发电站，如海山、江夏、白沙口、幸福洋等潮汐电站，但是到目前为止真正在运行的仅剩下江夏与海山两座潮汐发电站。江夏潮汐发电站是中国最大的潮汐电站，位于浙江省温岭市乐清湾北端，处于中国高潮差地区，多年来，其平均潮差大约为 5.08 米，最大时可达 8.39米。江夏潮汐电站装机 6 台 500 千瓦双向灯泡贯流式水轮发电机组，总装机量3000 千瓦，日夜可发电 14 个小时，每年可提供超过 1000 万千瓦的电力。不仅在发电上具有优势，还兼有开垦、养殖和运输等综合利用优势。海山潮汐电站位于浙江省玉环市海山乡，是中国唯一的双库单向、全潮续淡、蓄水发电和库区水产养殖综合开发的小型潮汐电站，由于涨潮和落潮都可以发电的特性，其日均发电时间可达 20 个小时。

虽然世界各国对潮汐发电产业都比较重视，但是潮汐电站的发展还是较为缓慢。经过了几十年的发展，潮汐电站发电建设技术已经不是最大的制约因素，发电成本变成了最大的发展问题。以江夏电站为例，电站建设时共安装了多种型号的双向灯泡贯流式水轮发电机组，总体资金投入很大；另外，由于潮汐发电具有间接性和波动性，电力输出功率变化较大，发电机组利用率不高，间接增加了发电成本；最后，因为发电设备要长期浸泡在海水中，海水腐蚀等问题便不可避免，每年都要投入大量的资金进行日常维护。按照以上成本计算的话，潮汐电力的上网电价达到了 2.58 元/千瓦时，远远高于风电与光电的上网电价。

二、中国核电产业

核能发电是指利用核反应堆中核裂变所释放的热能将水加热成高温高压，然后直接推动汽轮发动机进行发电的方式。核能发电也是实现低碳发电的一种重要方式，高效节能、污染少且安全性强是其典型特征。（1）高效节能：核能体积小能量大，1 克铀释放的能量可以相当于 2700 吨标准煤。相比于传统发电厂的建设成本，核电站的建设投资高于同等火电厂，但是原料的成本却远远低于煤炭。（2）污染少：传统火电在发电过程中不断向大气环境释放二氧化碳与二氧化硫等有害气体。二氧化碳的排放加剧全球变暖和温室效应，造成冰川消失和海平面上升；而二氧化硫的排放会形成酸雨，对建筑物产生腐蚀，危害人体健康。核电的使用有利于减少这些有害气体的排放。例如，大亚湾核电站 6台核电机组在 2018 年共发电 461.38 亿度电，这相当于少消耗标准煤约 1426 万吨，向大气中排放的二氧化碳减少 3728 万吨，这相当于 10 万顷森林所吸收的二氧化碳。（3）安全性强，从世界第一座核电站建成到现在，除了 1979 年美国三里岛核电站事故、1986 年苏联切尔诺贝利核电站事故与 2011 年日本福岛核电站事故外，并未发生其他重大核电站事故，并且这三次事故是由人为因素和地震引起的，而不是由于核电站自身运行故障引起。但是，核能也存在着核废料处理难的问题以及在中国核电站选址难的问题。

由于核电的优越性，世界上很多国家很早就开始发展核电。1954 年，苏联建成了世界上第一座装机容量为 5 兆瓦的核电站，随后英美等国也相继建成各种类型的核电站，截至 1978 年，全球 22 个国家和地区拥有 200 多个核电站反应堆，功率均超过了 30 兆瓦。中国核电起步很晚，直到 20 世纪 80 年代才开始建设第一座核电站——秦山核电站。笔者在曾建新等人[①]分析的基础上，按照核电技术水平和核电发展政策，将中国核电发展历程分为起步阶段（1980—1994）、适度发展阶段（1995—2005）、快速发展阶段（2006 年至今）三个阶段。

（一）起步阶段（1980—1994）

20 世纪 80 年代初，面对世界大环境的发展状况，中国政府首先制定了核电发展政策，并决定发展压水堆核电站。秉承"以我为主，中外合作"的原则，首先从国外引进学习先进技术，然后逐渐过渡到独立设计和国产化。如表 3-7 所示，秦山核电站一期工程始于 1985 年 3 月，于 1991 年建成并投入运行，年发电量达到 17 亿千瓦时。这是中国大陆设计、建造、运营和管理的第一座压水堆核电站。中国大陆非核电站历史的终结使中国成为继美国、英国、法国、苏联、瑞典和加拿大之后第七个可以设计和建造核电站的国家。1987 年，大亚湾核电站 1 号和 2 号电站在广东深圳开始建设，并于 1993 年和 1994 年投入使用。大亚湾核电站的建设引入了法国 M310 技术、英国的常规技术设备，并且有美国的一家公司提供质量保证。这是中外合作的典型项目，它成功地实现了中国大型商用核电站的启动，为中国核电工业的发展奠定了基础。

1993 年之前，核电发电量尚未进入国家正式统计数据库，如表 3-8 所示。1993 年核电发电量为 24.90 亿千瓦时，占总发电量的 0.30%；1994 年核电发电量出现大幅度跃升，达到 140.43 亿千瓦时，较 1993 年增长约 464%，所占比例上升到 1.51%，较上年上升 1.21 个百分点。从此，中国核电进入较快发展阶段，即适度发展阶段。

---

① 曾建新，杨年保. 我国核电技术发展的路线选择问题演变与启示 [J]. 学术界，2013（2）：204-215，287.

表3-7 中国1993—1994年核电发电量与所占比例表

年份	总发电量（亿千瓦时）	核电	
		发电量	所占比例
1993	8389.19	24.90	0.30%
1994	9278.78	140.43	1.51%

数据来源：由国家统计局统计数据与中国电力统计年鉴数据整理而成。

表3-8 起步阶段核电站建设目录

序号	机组名	所在地	开工时间	并网时间	核电技术	功率（WM）
1	秦山一期1号	浙江	1985年3月	1991年12月	CNP300	310
2	大亚湾1号	广东	1987年8月	1993年8月	M310	984
3	大亚湾2号	广东	1987年8月	1994年2月	M310	984

（二）适度发展阶段（1995—2005）

在此阶段，中国整体电力供应相对充足，核电被定位为补充电力。如表3-9所示，1996年中国开始建造秦山核电站二期1号与2号两台650兆瓦压水堆机组，并且参考大亚湾核电站对其进行了改进。随后，在与法国、加拿大、俄罗斯合作的基础上又陆续建造了6台核电机组，分别为1997年开始建造岭澳一期2台990兆瓦的法国M310压水堆核电机组；1998年开始建造秦山三期2台728兆瓦的加拿大Candu 6压水堆核电机组；1999年开始建造田湾1号与2号两台1060兆瓦的俄罗斯VVER1060压水堆核电机组。截至2005年年底，初步建成了广东、浙江、江苏三个核电基地。

1995年，核电发电量为128.33亿千瓦时（较上年有所下降），所占总发电量比例为1.27%。1995—2001年，核电的发展速度慢于火电发展速度，以致核电所占比例呈波动趋势，到2001年探底1.18%。2002年开始，核电发展提速，当年越过200亿千瓦时大关，达到251.30亿千瓦时，所占比例也大幅度提升，达到1.52%，回到上阶段1994年的占比水平。2003年直接越过300亿千瓦时、400亿千瓦时两个关口，达到433.40亿千瓦时，所占比例也突破历史高点，达到2.27%，较上年提升0.75个百分点。2004年越过500亿千瓦时大关，达到504.70亿千瓦时，所占比例达到该阶段的最高点2.29%。2005年核电发电量为530.90亿千瓦时，较1995年增长313.70%，为高阶段总量的最高点，但占比有所回落，为 2.12%（详细数据见表 3-10）。

表 3-9　适度发展阶段核电站建设目录

序号	机组名	所在地	开工时间	并网时间	核电技术	功率（WM）
1	秦山二期 1 号	浙江	1996 年 6 月	2002 年 2 月	CNP600	650
2	岭澳一期 1 号	广东	1997 年 5 月	2002 年 2 月	M310	990
3	岭澳一期 2 号	广东	1997 年 5 月	2002 年 8 月	M310	990
4	秦山三期 1 号	浙江	1998 年 6 月	2002 年 11 月	Candu 6	728
5	秦山三期 2 号	浙江	1998 年 10 月	2003 年 6 月	Candu 6	728
6	秦山二期 2 号	浙江	1997 年 3 月	2004 年 3 月	CNP600	650
7	田湾 1 号	江苏	1999 年 10 月	2006 年 5 月	VVER1000	1060
8	田湾 2 号	江苏	2000 年 9 月	2007 年 5 月	VVER1000	1060

表 3-10　中国 1995—2005 年核电发电量与所占比例表

年份	总发电量 （亿千瓦时）	核电	
		发电量	所占比例
1995	10069.48	128.33	1.27%
1996	10793.58	143.39	1.33%
1997	11342.04	144.18	1.27%
1998	11576.97	141.01	1.22%
1999	12331.41	148.33	1.20%
2000	13684.82	167.37	1.22%
2001	14838.56	174.72	1.18%
2002	16540.00	251.30	1.52%
2003	19105.80	433.40	2.27%
2004	22033.10	504.70	2.29%
2005	25002.60	530.90	2.12%

数据来源：由国家统计局统计数据与中国电力统计年鉴数据整理而成。

（三）快速发展阶段（2006 年至今）

在 2006 年举行的国务院常务会议上通过了《核电中长期发展规划（2005—2020）》，规划中明确指出了要积极推进核电建设，改变了以往适当发展核电的方针，这无疑确立了核电在中国经济与能源可持续发展中的战略地位，自此，中国核电发展进入了快速发展阶段。如表3-11所示，在此阶段所建造的核电站中，除了秦山二期3号机组与昌江1号机组外，其余的核电机组都属于百万千瓦级压水堆核电机组。

2008年在秦山核电站一期工程的基础上扩建了方家山核电站，工程规划容量为两台1089万千瓦压水堆核电机组，并且采用了二代改进型压水堆技术——CPR1000[1]，国产化率达到了80%，两台机组均在2014年并网发电。秦山核电基地当时所有的机组在方家山核电站正式建成后全部投产发电，秦山核电基地的总装机容量高达6564兆瓦。除此之外，福建、辽宁和广东等地用CPR1000技术陆续建造了多组装机容量在百万千瓦以上的核电机组，如在福建建造了宁德核电站与福清核电站，宁德核电站共三组核电机组，装机容量均为1089兆瓦，福清核电站共两组核电机组，装机容量也均为1089兆瓦；在辽宁大连建造了红沿河核电站，共包括三组核电机组，装机容量均为1119兆瓦，且均已投入使用；在广东除了大亚湾核电站与岭澳核电站外，又建造了阳江核电站，阳江核电站共有三组核电机组，装机量均为1086兆瓦。

以上核电站都是采用的CPR1000核电技术，到2009年，中国开始引进AP1000、EPR两种三代核电技术。AP1000是美国西屋电气公司开发的采用模块化设计和建造技术，提高了核电站运营的安全性，浙江三门核电站与山东海阳核电站均采用了这种核电技术。浙江三门核电站共两组核电机组，装机容量均为1250兆瓦，山东海阳核电站也包括两组核电机组，装机容量均大于1000兆瓦。EPR是法国法马通开发的第三代核电技术，单机组发电功率可达175万千瓦，该技术应用于中国广东台山核电站，台山核电站拥有两组核电机组，是中国目前功率最大的核电机组。

在此阶段发生了一个重大意外，即2011年日本发生了福岛核泄漏事故，对世界和中国的核电事业均产生了负面影响。鉴于福岛核事故的危害性，中国立即暂停了所有核电项目审批并且对现有投入生产的设备进行综合安全检查。2012年5月国务院通过了《核安全检查报告》与《核安全规划》，指出了中国核电设施的安全和质量是有保障的，因此核电也重新启动。

在这一阶段，中国核电进入快速发展阶段。如表3-12所示，2006年核电发

---

[1]　CPR1000是中国核电机组使用最多的技术，该机型基于法国M310技术，被称为"改进型中国压水堆"，其主要设备已国产化完毕，国内公司已经能够制造核岛和常规岛的大部分设备。

电量为 548.40 亿千瓦时，随后不断越过高点，2012 年达到 973.90 亿千瓦时，逼近 1000 亿大关。但由于该阶段中国经济发展进入超高速阶段，对能源的需求大增，为满足能源的需求，火电发展速度更快，核电所占比例波动下降，由 2006 年的 1.91%，波动下降到该阶段的最低点 2010 年的 1.76%之后，开始上升。2013 年核电发电量突破 1000 亿千瓦时大关，达到 1116.10 亿千瓦时，所占比例回升到 2.05%。2014 年核电发电量达到 1325.40 亿千瓦时，所占比例超过了前期高点，达到 2.35%。2011 年开始核电发展速度快于发电总量增长速度，所占比例一直在上升。2016 年核电发电量突破 2000 亿大关，达到 2132.90 亿千瓦时；2017 年核电发电量达到 2480.70 亿千瓦时，较本阶段之初的 2006 年增长 352.35%，所占比例也达到历史最高点 3.82%，是 2006 年的两倍。

表 3-11　快速发展期核电站建设目录

序号	机组名	所在地	开工时间	并网时间	核电技术	装机容量（WM）
1	岭澳二期一号	广东	2005 年 11 月	2010 年 7 月	CPR1000	1086
2	秦山二期 3 号	浙江	2006 年 6 月	2010 年 8 月	CNP600	660
3	岭澳二期 2 号	广东	2006 年 6 月	2011 年 5 月	CPR1000	1086
4	秦山二期 4 号	浙江	2007 年 1 月	2011 年 11 月	CNP600	660
5	宁德 1 号	福建	2008 年 2 月	2012 年 12 月	CPR1000	1089
6	红沿河 1 号	辽宁	2008 年 3 月	2013 年 2 月	CPR1000	1119
7	红沿河 2 号	辽宁	2008 年 4 月	2013 年 11 月	CPR1000	1119
8	阳江 1 号	广东	2009 年 4 月	2013 年 12 月	CPR1000	1086
9	宁德 2 号	福建	2008 年 11 月	2014 年 1 月	CPR1000	1089
10	福清 1 号	福建	2008 年 11 月	2014 年 1 月	CPR1000	1089
11	方家山 1 号	浙江	2008 年 12 月	2014 年 8 月	CPR1000	1089
12	方家山 2 号	浙江	2009 年 7 月	2014 年 12 月	CPR1000	1089
13	红沿河 3 号	辽宁	2009 年 3 月	2015 年 2 月	CPR1000	1119
14	阳江 2 号	广东	2009 年 6 月	2015 年 3 月	CPR1000	1086
15	宁德 3 号	福建	2010 年 1 月	2015 年 6 月	CPR1000	1089
16	福清 2 号	福建	2009 年 6 月	2015 年 8 月	CPR1000	1089
17	阳江 3 号	广东	2010 年 11 月	2015 年 10 月	CPR1000	1086

序号	机组名	所在地	开工时间	并网时间	核电技术	装机容量（WM）
18	防城港1号	广西	2010年7月	2015年10月	CPR1000	1086
19	昌江1号	海南	2010年4月	2015年11月	CNP600	650
20	台山1号	广东	2009年12月	2018年6月	EPR	1750
21	三门一期1号	浙江	2009年4月	2018年6月	AP1000	1250
22	三门一期2号	浙江	2009年4月	2018年8月	AP1000	1250
23	海阳一期1号	山东	2009年9月	2018年8月	AP1000	>1000
24	海阳一期2号	山东	/	2018年10月	AP1000	>1000
25	台山2号	广东	2010年4月	2019年9月	EPR	1750

表 3-12 中国 2006—2017 年核电发电量与所占比例表

年份	总发电量（亿千瓦时）	核电	
2006	28657.30	548.40	1.91%
2007	32815.50	621.30	1.89%
2008	34668.80	683.90	1.97%
2009	37146.50	701.30	1.89%
2010	42071.60	738.80	1.76%
2011	47130.20	863.50	1.83%
2012	49875.50	973.90	1.95%
2013	54316.40	1116.10	2.05%
2014	56495.80	1325.40	2.35%
2015	58145.70	1707.90	2.94%
2016	61424.90	2132.90	3.47%
2017	64951.40	2480.70	3.82%

数据来源：由国家统计局统计数据与中国电力统计年鉴数据整理而成。

从中国与核电发达国家的比较来看，中国的核电发展比较滞后，但发展潜力也大。根据世界核能协会数据统计，美国现有 97 座可运行的核反应堆，总装机容量可达 9900 万千瓦①，是中国的 2.16 倍，到 2018 年年底，美国核能发电占总发电量的 19%。法国现有 58 座可运行的核反应堆，总装机容量可达 6310 万千瓦，是中国的 1.38 倍，2018 年法国 72% 的电力都来自核能。日本拥有 33 座可运行的核反应堆，总装机容量达 3170 万千瓦，但是由于福岛核事故的影响，日本现在仅有 9 座核反应堆在运行。过去日本 30% 的电力来源核能，但是在 2018 年，这个比例降到了 6%。截至 2019 年 6 月，中国投入使用的核电机组共 47 组，总装机量可达 4570 万千瓦，在 2018 年中国核电占比仅为 4%，与西方核电发达国家的差距仍然很大。这也说明中国核电的发展潜力很大。

三、中国风电产业

（一）中国风能资源分布

中国幅员辽阔，2 万多公里的陆疆长度、18000 多公里的海岸线以及众多的岛屿的地理优势给中国提供了丰富的风能资源。一个地区风能资源是否丰富有两个判断标准：一是该地区的风能密度②，风能密度大则风能开发潜力大；二是拥有风能的有效时间，某些地区虽常年有风，但是风力大小极不稳定，可用于风能利用的积累时间并不长。从全国范围来看，如果以比路面高 10 米的高度作为风力采集标准高度，并进行全国平均风能密度，则结果为 $100W/m^2$。再根据全国不同区域风能利用有效时长进行平均估算可知全国风能有效时长。以此计算可得中国风能资源储备量高达 32.26 亿千瓦，可利用和开发量有 10 亿千瓦。如果将其换算为可发电量，则每年可以为全国提供高达 2.3 万亿千瓦时的电力。

中国风能资源划分为三个区域：

1. 北部地区（内蒙古、东北、西北）地区

北部地区属于高纬度地区，与蒙古国和俄罗斯接壤。由于气流的作用，在亚欧大陆内部纬度较高的西伯利亚和蒙古高原向南直接流向我国的北部地区，地势平坦的因素也加快了风能流动的速度。因此，地理因素使北部区域拥有更强的资源优势。该地区每年的平均风能密度可达 $200\sim300\ W/m^2$，风力利用的有

---

① $1GW = 10^3MW = 10^6kW = 10^9W$。

② 风能密度是指单位时间内通过横截面积的风所含的能量，通常以 W/m^2 表示，风能密度是决定一个地方风能潜力的最方便、最有价值的指标。风能密度与空气密度和风速有直接关系，而空气密度又取决于温度、气压和湿度，所以不同地方、不同条件下的风能密度是不可能相同的。通常，海滨地区地势低、气压高，空气密度大，适当的风速下就会产生较高的风能密度；而在海拔较高的高山上，空气稀薄、气压低，只有在风速很高时才会使风能密度高。

效时长为 5000~6000 小时。自然资源禀赋的优势使得北部地区成了中国风能利用规模最大的地区，因此，全国大约有 65%的风力发电厂都在北部地区。①

2. 沿海及其岛屿地区风能丰富带

该地区主要包括中国东部和东南沿海以及与海洋接壤的近海岛屿。这些地带拥有丰富的风能资源优势的原因主要是海陆温差。在海上因为海水具有吸热性强的特征致使海面的温差变化较小，而陆地的吸热性比海面要差得多，所以陆地昼夜温差也比海面要大得多。海陆温度的差异导致了有大量的风力从海面吹向陆地。

3. 内陆局部风能丰富区

这一区域是北部以及沿海风能资源丰富带向内陆的扩展，其风能形成原因完全相同。当风力从风能资源丰富区吹向内陆时风力会有一定程度的减弱，但是内陆局部区域的地形地势的不同会导致风力大小的不同。内陆地区风能资源比较丰富的地方有湖南衡山、湖北九宫山、安徽黄山、云南太华山以及青藏高原北部等。

（二）中国风能产业发展历程

1992 年联合国召开了环境与发展大会，会上提出了"人类要生存，地球要拯救，环境与发展必须协调"的思想。之后，由中国国务院批准颁发了《关于出席联合国环境与发展大会的情况及有关对策的报告》，在该报告中明确提出了针对中国环境与发展领域的十条对策和措施，其中第四条对策措施明确提到："逐步改变以煤炭为主的能源结构，加速水电和核电的建设，因地制宜地开发和推广太阳能、风能、地热能、潮汐能、生物质能等清洁能源。"由此，中国风能产业得以加快发展。

中国风电产业发展到目前共历经四个阶段：

1. 初期示范阶段（1986—1993）

1986 年在山东荣成马栏山安装了从丹麦维斯塔斯（Vestas）公司引进的 3 台 55 千瓦风电机组，并成功发电并网。1993 年年底在广东汕头召开了全国风电工作会议，会上明确了风电产业化及风电建设前期所需的工作规范化要求。在该阶段中，政府应积极利用国外赠款及贷款来建设小型示范风电场，对风电项目和风力发电机组的研制进行相应的投资。

2. 产业化建立阶段（1994—2002）

1994 年通过对风电上网电价的责任主体明确，保障投资者利益，风电产业

---

① 中国气象局. 中国风能资源评价报告 [M]. 北京：气象出版社，2006：75.

得到进一步发展。浙江运达风电公司研发的 200 千瓦风电机组开始进行并网实验。20 世纪 90 年代末，中国开始在"三北"地区集中建设风电场，并引进了德国定桨距失速调节式风电机组，如金风科技有限公司引进德国技术制造的 600千瓦和 750 千瓦定桨距风电组。[①] 该阶段虽然风电有了一定的发展，但是电力体制向竞争性市场改革导致风电政策模糊，导致了风电产业发展受到了很大的限制。

3. 规范化阶段（2003—2007）

国家发改委于 2003 年起推行风电特许权项目，目前已经进展到第五期，目的在于扩大全风电开发规模，提高风电机组的国产制造能力，约束发电成本，降低电价。随后，《可再生能源法》的正式颁布，将电网企业全额收购可再生能源电力、发电上网电价优惠以及一系列费用分摊措施列入法律条文，促进了可再生能源产业的发展，中国风电步入全速发展的快速增长通道。2007 年风电发电量进入国家统计数据库，当年的发电量为 57.10 亿千瓦时，占总发电量的 0.17%。

4. 快速发展阶段（2008 年至今）

这一阶段的一个明显特征是海上风电机组的快速发展。2008 年以后，中国开始尝试在海上安装风电机组，并在 2010 年年底建成了亚洲最大的上海东海大桥海上风电场，装机规模高达 10 万千瓦。此后，中国陆续建设了多个潮间带风电场和近海风电场。截至 2016 年年底，中国海上风电场风电累计装机容量约为150 万千瓦。

中国风电的发展，自 2008 年开始进入快速发展阶段，几乎每年都在跃升新台阶。如表 3-13 所示，2008 年，风电发电量为 130.80 亿千瓦时，所占比例为0.38%；3 年之后就越过了 700 亿千瓦时的关口，达到 741.00 亿千瓦时；2012年越过 1000 亿千瓦时的大关，达到 1030.00 亿千瓦时；2016 年越过 2000 亿千瓦时关口，达到 2409.00 亿千瓦时；1 年之后，即 2017 年越过 3000 亿千瓦时关口，达到 3034.00 亿千瓦时，较本阶段之初的 2008 年增长 2219.57%，所占比例达到 4.67%，高于 2008 年 4.29 个百分点。风电的发展速度也快于总发电量，所占比例一直直线上升。风电的发展比核电起步晚，但发展速度远快于核电。2012 年风电的发电总量和占比超过了核电，此后拉大差距，2017 年的发电量是核电的 1.22 倍，所占比例高于核电 0.85 个百分点。

---

① 沈德昌. 中国风能技术发展历程［J］. 太阳能，2017（8）：9-10.

表 3-13 中国 2007—2017 年风电发电量与所占比例表

年份	总发电量（亿千瓦时）	核电	
		发电量	所占比例
2007	32815.50	57.10	0.17%
2008	34668.80	130.80	0.38%
2009	37146.50	276.15	0.74%
2010	42071.60	494.00	1.17%
2011	47130.20	741.00	1.57%
2012	49875.50	1030.00	2.07%
2013	54316.40	1383.00	2.55%
2014	56495.80	1598.00	2.83%
2015	58145.70	1856.00	3.19%
2016	61424.90	2409.00	3.92%
2017	64951.40	3034.00	4.67%

数据来源：由国家统计局统计数据与中国电力统计年鉴数据整理而成。

四、中国光伏发电产业

（一）中国太阳能资源分布

中国拥有丰富的太阳能资源。同评价风能资源是否丰富的标准一样，太阳能资源的评价途径有两个：一是太阳能年辐射量；二是太阳能有效光照时长。目前，中国平均太阳能年辐射量大约为 $16.3 \times 10^2 \mathrm{kW} \cdot \mathrm{h/m}^2$，年平均有效时长可以达到 2000 小时，那么中国太阳能资源每年可供利用和开发的能量可相当于 1.2×10^4 亿吨标准煤[①]，并且中国可以有效利用太阳能资源的地区占全国面积的比例大约为三分之二，太阳能资源极其丰富。但是细化到每个地区可利用的太阳能资源量则由于地理环境的限制，也体现出了差别[②]：一是西部高于东部；二是北方高于南方。

为了更加具体地分析中国各地区太阳能资源的丰富程度，根据上述的两条评价标准，将全国划分为 7 个区域。如表 3-14 所示，中国西南地区属于太阳能

[①] 中国可再生能源发展研究项目组. 中国可再生能源发展战略研究丛书·太阳能卷 [M]. 北京：中国电力出版社，2008：96.

[②] 施玉川，李新德. 太阳能应用 [M]. 西安：陕西科学技术出版社，2001：56.

资源贫乏区，年总辐射量不足 1160 kW·h/m²，有效日照时数也远远小于其他区域。

表 3-14 太阳能资源区域划分

区域	范围	年总辐射量 kW·h/m²	利用太阳能的条件
东北	东北三省	1400～1500	冬季长达 4～5 个月，气温低，辐射强度低，云量少、晴天多，年日照时数在 2400h 以上
华北	华北平原	1510～1630	寒冷期较东北区短，约 100 天，气温、辐射强度较东北区高，云量少、晴天多，年日照时数达 2600～2800h
黄土丘陵区	内蒙古高原	1510～1750	冬季长达 3～5 个月，但地势高，太阳辐射强度大，年日照时数 2600～3200h，利用太阳能的条件比华北区好
西北干旱区	新疆、甘南西北、内蒙古西	1630～1860	气候干旱，云量少，年日照时数达 3200h 以上，冬季气温低，昼夜温差大，风速大，风沙大
南方区	北纬 33°以南包括台湾海南	1160～1400	气温高，但云量大，阴雨天多，年日照时数较少，一般在 2200h，太阳辐射强度大，但总量不大
西南区	四川、贵州、云南	930～1160	云量大，阴雨天多，日照时数在 1400h 以下，是中国利用太阳能条件最差的地区，但川西滇西有些地方条件也很好
青藏高原	青藏高原	1860 以上	海拔高、大气清洁而稀薄，太阳年辐射量很高，日照时数 2800～3200h，太阳能利用条件优越

（二）中国光伏产业发展历程

中国对太阳能电池的研究起步于 1958 年，到 20 世纪 90 年代时取得了较多的成果。从中国光伏产业发展的历程来看，可以分为以下五个重要的阶段。[1]

---

① 李平. 光伏太阳能产业发展调研［M］. 北京：经济管理出版社，2016：62.

1. 初始阶段（1984—2000）

初始阶段是中国光伏产业发展的雏形阶段。在国家"六五"与"七五"规划期间，基于光伏产业的优越性，国家开始对光伏产业以及市场给予强力的支持，中央政府与地方政府均在光伏产业领域投入资金，使得脆弱的光伏产业得到了发展。在此期间，中国一些太阳能电池厂开始从国外引进技术先进的生产设备。这个阶段虽然是中国光伏产业发展的萌芽期，但总体来看因为受高成本等因素限制，光伏产业的发展还是比较缓慢。

2. 起步阶段（2000—2008）

在这个阶段中国光伏产业有了平稳的发展。2002 年年底无锡尚德太阳能电池公司建立了 10MW 的多晶硅电池生产线，另外河北保定天威英利有限公司建成了 6MW 的硅片与多晶硅铸锭生产线，宁波中意有限公司则建成 2MW 生产线。在这期间，光伏产业的发展成本逐渐下降，使得太阳能光伏产品逐渐向工业领域与民用领域发展，并且得到了政府的进一步支持。国家大规模开启送电到乡、光明工程等针对无电地区的扶持项目，从而解决其用电问题。由于科技的发展，光伏发电技术进一步成熟，其生产成本不断降低，上网电价机制不断明确清晰化，集中式光伏发电开始迅速发展。2008 年，中国多晶硅产量为 4500 吨左右，硅锭产量为 1.33 万吨左右，电池片产量为 2000MW 左右，光伏组件产量为 2000MW 左右，占全球产量的 29.45%，光伏产业产值为 1500 亿元，行业从业人数为 12 万人，从业企业高达 500 多家，中国逐渐成了全球光伏产品第一大生产国。

3. "金太阳阶段"（2009—2012）

从 2009 年开始，中国启动了光电建筑应用示范项目、金太阳示范工程和大型光伏电站特许权招标，此阶段的光伏发展以大型光伏电站为主，分布式只是初步发展。国家的财政补贴力度加大，"金太阳工程项目"将实施 50% 的初始投资补贴。该补贴不仅促进了大型光伏电站的快速发展，也带动了分布式光伏的迅速发展，在 2011 年时新增分布式装机同比增长率高达 245.80%，在 2012 年该同比增长率达到 79.70%。

4. 重挫阶段（2012）

美国商务部在 2012 年 3 月发布了对中国输美太阳能电池征收 2.90% ~ 4.73% 的反补贴税的初裁结果。5 月 17 日公布的反倾销税初裁基本设定在 31% 左右。如尚德电力的税率为 31.22%，天合光能为 31.14%，而英利等其他涉案企业的税率为 31.18%。与此同时，欧洲光伏制造商也向欧盟提出对华"反倾销"调查申请，2012 年 9 月 6 日欧盟委员会发布公告，对中国光伏电池发起反倾销调查，涉及的金额总额达到 200 亿美元。在此挫折下中国光伏产业举步维艰，大量的光伏企业倒闭。无奈之下，幸存下来的企业快速将发展方向转向国内，同时，政府加大了对光伏应用的支持力度，发布《太阳能发电发展"十二五"规划》，以及在光伏上网电价政策的刺激下，再加上光伏系统投资成本不断下降，光伏应用市场有所回暖。在该阶段的最后一年，即 2012 年，光伏发电量进入国家正式统计数据库，当年发电量 36 亿千瓦时，占发电总量的 0.07%。

5. 快速发展阶段（2013 年至今）

"十二五"期间中国光热发电行业取得突破性进展，2013 年中国太阳能电池产量达到了 40GW，其中国电集团、中电集团、首航节能、华能集团以及哈纳斯新能源位列市场前五强，市场占有率共计超过 60%。2016 年 11 月，国家能源局推出《太阳能发电发展"十三五"规划》，在规划中提到了未来五年太阳能产业发展目标，即装机量要达到 101 亿千瓦以上。

光伏发电的发展较其他绿色能源起步都晚，但发展速度可观。如表 3-15 所示，在本阶段的第一年 2013 年，光伏发电量达到 84 亿千瓦时，较上年增长133.33%，所占比例为 0.15%，是上年的两倍多。此后每年都在越过新台阶，3年后，即 2017 年越过 1000 亿千瓦时大关，达到 1166.00 亿千瓦时，较 2013 年增长 1288.10%。光伏发电的发展速度也快于总发电量，所占比例逐年快速上升，2016 年越过 1%，达到 1.08%，2017 年升到 1.80%，接近 2%，是 2013 年的 12 倍。

表 3-15　中国 2013—2017 年光伏发电量与所占比例表

年份	总发电量（亿千瓦时）	核电	
		发电量	所占比例
2013	54316.40	84.00	0.15%
2014	56495.80	235.00	0.42%
2015	58145.70	395.00	0.68%
2016	61424.90	665.00	1.08%
2017	64951.40	1166.00	1.80%

数据来源：由国家统计局统计数据与中国电力统计年鉴数据整理而成。

第二节 中国绿色能源产业政策梳理

相比于西方发达国家，中国绿色能源产业发展得比较缓慢，并且早期有关绿色能源的产业政策也极为稀少，大多相关内容都在能源范畴的法律法规中。

鉴于我国 21 世纪前产业发展较为缓慢，笔者对 21 世纪以来的我国绿色能源产业政策进行了整理。需要说明的是，国家相关文件中并没有"绿色能源"字眼的相关产业政策，但根据之前章节对绿色能源的定义和认识，笔者收集了风能发电产业、太阳能光伏产业以及生物质能发电产业相关的产业政策。本研究收集了有关绿色能源的产业政策共 109 份，具体内容如附录 1 所示。在附录中的 109 份政策文本中，政策发布时间的跨度是 2000 年至 2019 年，如表 3-16 所示，我国绿色能源产业政策在 2005 年前数量都很少，自从 2005 年《中华人民共和国可再生能源法》通过后有关绿色能源产业的政策就多了起来。

表 3-16 2000—2019 年中国国家层面绿色能源产业政策的数量分布

年份	2000	2001	2003	2005	2006	2007	2008	2009	2010
政策数	2	1	1	6	6	9	7	9	5
年份	2011	2012	2013	2014	2015	2016	2017	2018	2019
政策数	6	4	9	10	6	8	10	10	2

对以上政策进行进一步分析，发现绿色能源产业政策涉及绿色能源生产、研发、消费三个环节。对整理的 109 份文本进行统计，可以得知，在 2000 年至 2019 年，绿色能源产业政策中与生产相关的产业政策所占比例为 49.31%；与研发相关的产业政策所占比例为 14.58%；与消费相关的产业政策所占比例为 36.11%。通过这一结果可得知，中国绿色能源产业政策基本都是围绕生产、研发与消费来进行的。

表 3-17 2000—2019 年中国国家层面绿色能源产业政策的所涉环节分布

	涉及生产的政策	涉及研发的政策	涉及消费的政策
份数	71	21	52
比例	49.31%	14.58%	36.11%

最后从中国绿色能源产业政策执行部门的角度来进行分析，109 份文件涉及国家发展改革委等共 12 个部门。其中，发布产业政策最多的部门依次是国家发展改革委、国家能源局、财政部、国家住房和城乡建设部。涉及的部门之多说明中国政府已经特别重视绿色能源产业的发展，这关系到国家的长治久安和经济的可持续发展，因此，政府开始全方位地部署绿色能源产业发展战略，为绿色能源产业的发展给予了高度支持。

表 3-18　2000—2019 年中国国家层面绿色能源产业政策的发布部门分布

序号	颁发部门	政策数量	比例
1	国家发展改革委	48	29.81%
2	国家能源局	47	29.19%
3	财政部	31	19.25%
4	国家住房和城乡建设部	9	5.59%
5	国务院	8	4.97%
6	国家税务总局	6	3.73%
7	国家电力监管委员会	4	2.48%
8	国家经济贸易委员会	3	1.86%
9	全国人大常委会	2	1.24%
10	科技部	1	0.62%
11	中国农业农村部	1	0.62%
12	国家开发银行	1	0.62%

第三节　中国绿色能源产业政策分析

在整理中国绿色能源产业政策的过程中发现，政府实施的产业政策多以扶持激励为主，在产业发展的过程中，这些产业政策对绿色能源产业的发展起到了非常大的促进作用。为了进一步分析产业政策，笔者从财政政策、税收优惠政策、电价补贴政策来进行阐述。具体内容如下所示：

一、财政政策

2005 年 2 月由中华人民共和国第十届全国人民代表大会常务委员会第十四次会议通过了《中华人民共和国可再生能源法》，该法提出了国家鼓励和支持可再生能源并网发电，在电网未覆盖地区建设可再生能源独立电力系统，为当地生产和生活提供电力支持。在可再生能源发电类别中着重提出了鼓励和支持生物质能的开发利用、太阳能光伏发电和太阳能供热采暖等。另外，可再生能源法提出了上网电价、费用分摊与全额收购三个原则。可再生能源法也对可再生能源产业的发展做出了相应的规划，设定了中长期的发展目标。在此之后，政府相关部门相继出台了一系列财政补贴措施。

（一）太阳能发电财政补贴政策

2009 年 3 月，财政部印发了《太阳能光电建筑应用财政补助资金管理暂行办法》，首先该办法明确了受补助资金支持的项目应该具备的条件，然后规定补助标准为 20 元/Wp[1]。为了加强对太阳能光电建筑的支持力度，国家又出台了《关于加快推进太阳能光电建筑应用的实施意见》（财建〔2009〕128 号），该文件提出了"太阳能屋顶计划"，强调要组织开展一批光电建筑应用示范工程，中央安排专门资金，对光电建筑应用示范工程进行资金补助，以期通过第一批示范工程的带动，在全国范围内提高太阳能光电市场的活力，该意见被视为中国光伏市场发展的重要转折点。"太阳能屋顶计划"出台之后，同年财政部又颁布了第二个国家太阳能光伏补贴政策，即"金太阳示范工程"。该补贴政策对工程补助的条件为太阳能光电项目装机容量不低于 300 kmp；项目建成后运行时间不能少于 20 年；太阳光电项目业主单位总资产不少于 1 亿元，项目资本金不能低于总投资的 30%。另外，该工程规定了如果在偏远地区建立独立的光伏系统，则补贴额度为总投资额的 70%；不位于偏远地区的光伏发电并网项目则按总投资额的 50% 进行补贴。2016 年国家提出要将光伏发电作为扶贫的重要方式，提出了在 2020 年之前要将具有较好光照条件的 16 个省 471 个县的 200 多万贫困人口通过光伏发电项目每年每户收入增加 3000 元以上的目标。光伏发电扶贫项目所需资金一方面由国家提供，另一方面由国家开发银行、中国农业发展银行等政策性银行与其他商业银行为工程提供优惠贷款。

---

[1] Wp 是太阳能电池峰值功率的缩写，即 Wp＝Wpeak ，每天随着太阳照射的角度不同，输出的功率也不相同。

（二）风力发电财政补贴政策

在 2008 年之前国家出台了一些有关风能发电的产业政策，但都属于宏观层面，没有具体的且可执行的措施。2008 年，财政部出台《风力发电设备产业化专项资金管理暂行办法》，该办法的资助对象为从事风力发电设备生产制造的企业，包括整机制造商与零件制造商。对满足条件企业的首 50 台风电机组按照 600 元/千瓦的标准给予补助，对零件制造补助金额则根据具体成本来确定。与太阳能发电产业得到的补贴政策相比，风能发电产业相关政策则少得多。

综合以上内容，国家在可再生能源发电领域主要对太阳能光伏发电实行了财政补贴政策，对风电发电以及其余类型能源发电得到的补贴较少。

二、税收优惠政策

税收政策是国家调控宏观经济发展的一种重要工具。在产业政策中税收优惠可以引导资金流向，有效地调整产业结构。我国在可再生能源电力产业的发展过程中，我国政府有关部门制定了涉及增值税、关税、企业所得税等税种优惠的支持政策，对降低企业生产成本，增强绿色能源产品市场竞争力起到重要作用。

（一）增值税

增值税是以在商品流转过程中产生的增值额度作为计算依据的一种税款，是流通在商品生产、销售等各个环节的一种流转税，现在在我国国内增值税也是最大的税种，因此，在增值税上对可再生能源电力进行税收优惠对促进可再生能源电力的发展具有重大的作用。2015 年国家税务总局印发《资源综合利用产品和劳务增值税优惠目录》，强调了为促进风能发电产业健康发展，对可再生能源电力实行增值税即征即退 50% 的政策。2013 年国家首次出台了对太阳能电力产业进行增值税优惠的政策，规定自 2013 年至 2015 年，利用太阳能生产的电力产品，实行增值税即征即退 50% 的政策。到了 2016 年，财政部与国家税务总局规定，仍旧按照之前有关规定，对太阳能电力产品实行增值税即征即退 50% 的政策。

（二）关税

从 1998 年起国务院就规定对国家鼓励、支持发展的行业与项目所需的进口设备以及进口原材料，在符合要求的前提下免征进口关税。2007 年财政部提出自 2008 年 1 月 1 日起对国内开发制造风电发电机的企业所需进口的原零件以及原材料等均实行进口关税以及进口环节增值税先征后还的税收优惠政策。

（三）所得税

从企业所得税方面来看，有关可再生能源企业所得税优惠方案不多，作者只收集到了很少的相关政策。《中华人民共和国企业所得税法案例》（2007）规定企业从事有利于环境保护、节水节能项目（包含风电、太阳能发电等在内的绿色能源项目），自获取第一笔生产性营业收入起，企业所得税实行三免三减半政策，即自获取第一笔生产性营业收入起，第一至三年免征企业所得税，第四至六年企业所得税减半。

除此之外，我国各地方政府在中央政府出台的政策基础上，因地制宜地制定了一些地方税收优惠政策。通过中央政府与地方政府的共同支持，绿色能源产业得到了快速发展。

三、电价补贴政策

2005年2月，全国人大批准了《中华人民共和国可再生能源法》，该法首先确定了可再生能源的范围，即包括风能、地热能、海洋能、水能、太阳能以及生物质能等非化石能源；其次提出了可再生能源电力价格管理与费用分摊办法：可再生能源电力的上网电价由国务院价格管理部门根据不同类型可再生能源电力的技术难易程度与地区差异确定，并要根据可再生能源发电技术的进步而随时做出调整，电网企业向发电企业购买电力时所支付的费用在高于常规电力平均上网电价以上的部分要在销售电价中分摊。《中华人民共和国可再生能源法》的推行对于可再生能源电力发展具有重大意义，但是此项法案只是大概勾勒出了可再生能源电力价格的管理办法，并没有具体到执行的点上。但在不到一年的时间里，国家发展改革委又颁布了《可再生能源电价附加收入调配暂行办法》，该法案不仅在固定电价的基础上对可再生能源电力价格的分摊做出了详细的介绍，同时也针对不同能源类型的发电项目做出了具体的规定：可再生能源发电价格实行政府定价与政府指导价两种管理方式，可再生能源电力上网电价中低于当地脱煤硫燃机组标杆上网电价的部分由当地省网负责，高出部分则通过可再生能源电价附加分摊，即可再生能源电力价格分为当地脱煤硫燃机组标杆上网电价与可再生能源电价附加分摊两部分；太阳能发电、海洋能发电与地热能发电上网电价实行政府定价管理方式；风力发电项目实行政府指导价管理方式；生物质能发电项目实行政府定价方式。

以上法案是从整体的层面对可再生能源电力价格制定的管理办法，除此之外，政府也针对不同类型可再生能源项目的特点制定了不同的管理措施。

（一）风能发电

风能发电分为陆上发电与海上发电。2009 年国家发改委发布《关于完善风力发电上网电价政策的通知》（发改价格〔2009〕1906 号），通知中提到将采用分资源区的方式制定陆上风电标杆上网电价，即根据国内不同地区地理条件差异性、装机容量大小、电力运输差异等因素将全国分为四类风能资源区，其中Ⅰ类资源区标杆上网电价为 0.51 元/kW·h，Ⅱ类资源区标杆上网电价为 0.54元/kW·h，Ⅲ类资源区标杆上网电价为 0.58 元/kW·h，Ⅳ类资源区标杆上网电价为 0.61 元/kW·h。由于海上风电项目尚未开始建设，因此对海上风电上网电价未做相关规定。2014 年国家发改委发布了《关于海上风电上网电价政策的通知》，通知中将海上风电项目分为近海风电与潮间带风电两种，在 2014 年至2017 年期间，近海风电项目上网电价为 0.85 元/kW·h，潮间带风电项目上网电价为 0.75 元/kW·h。此外，通知中还鼓励投资者透过招标等市场竞争方式确定上网电价，但中标电价不得高于政府部门所定的同类项目一般上网电价。2015 年国家发改委发布《关于完善陆上风电、光伏发电上网标杆电价政策的通知》，通知中指出要根据风电规模逐渐降低陆上风电的标杆上网电价。为了实现风电在 2020 年实现与煤电平价上网的目标，推动风电产业的可持续发展，国家发改委对风电上网电价进一步做出了调整：①将陆上风电标杆上网电价改为政府指导价，新核准的陆上风电项目上网电价都通过竞争方式确定，但是不得高于所在资源区的政府指导价。2019 年Ⅰ~Ⅳ类资源区新建陆上风电项目指导价调整后分别为0.34 元/kW·h、0.39 元/kW·h、0.43 元/kW·h、0.52 元/kW·h，2020 年进一步调整为 0.29 元/kW·h、0.34 元/kW·h、0.38 元/kW·h、0.47 元/kW·h，如果所在资源区风电项目指导价低于当地燃煤机组标杆上网电价，则以燃煤机组标杆上网电价为指导价。此外，政府规定自 2021 年 1 月 1 日起，新建的陆上风电项目将全面实行平价上网，政府不再给予补贴。②海上风电标杆上网电价同样改为政府指导价，2019 年新核准近海风电指导价调整为 0.8/kW·h，2020 年调整为 0.75/kW·h，在此框架下新核准近海风电项目上网电价通过竞争方式确定，但是最高不能高于政府指导价。新核准潮间带风电项目通过竞争方式确定的上网价格也不得高于所在资源区陆上风电政府指导价格。

（二）太阳能发电

2011 年 7 月国家发展改革委发布了《关于完善太阳能光伏发电上网电价政策的通知》，在通知中提出了对于非招标太阳能光伏发电项目要根据全社会平均运营成本与投资额度在全国制定统一的标杆上网电价，具体规定了在 2011 年 7 月 1 日之后核准并建成的太阳能光伏发电项目的上网电价统一为每千瓦时 1.15

元。而对于太阳能光伏发电的招标项目做了不同的实施方法，即中标价格要以统一价格为上限，不得高于中标价格。在 2013 年统一定价的实施政策随着《关于发挥价格杠杆作用促进光伏产业健康发展的通知》的出台发生了改变，即要根据不同区域的不同地理特点采取不同的定价方式。为此，将全国分成了三类资源区，电价分别为 0.9 元/kW·h、0.95 元/kW·h、1 元/kW·h。2018 年国家发展改革委发布《关于 2018 年光伏发电价格政策的通知》，通知中将三类资源区的标杆上网电价分别下调为 0.55 元/kW·h、0.65 元/kW·h、0.75 元/kW·h，并且从 2019 年起纳入国家财政补贴的光伏发电项目均执行相应的标杆上网电价。自规定发布之日起，分布式光伏发电项目补贴均下调 0.05 元/kW·h，即补贴标准为每千瓦时 0.37 元。

（三）生物质能发电。

为促进农林生物质能发电产业的快速发展，国家发改委在 2010 年下发了《关于完善农林生物质能发电价格政策》，该政策中有关电价制定与补贴方式与风能发电、太阳能发电大体相似。生物质能电价由当地脱煤硫燃煤机组标杆电价和差额部分这两部分组成，其中由政府财政来补贴差额部分。通知中还规定了未按招标形式新建立的生物质能发电项目均由国家有关部门制定全国统一上网电价，即 0.75 元/kW·h。按照招标形式确定的生物质能发电项目电价也不得高于全国统一标杆上网电价。

通过以上阐述可以看出我国的电价政策基本是在固定电价政策的范围内制定的，虽然固定电价政策对我国可再生能源电力产业的快速发展起了巨大的推动作用，但其也有局限与缺点。多数学者认为固定电价政策只适合用在可再生能源发电产业的初级发展阶段，当发展到一定规模的时候应该实行可再生能源配额制度，美国是实行可再生能源配额制并且取得巨大成功的典型代表。在目前发展的基础上为了推动可再生能源发电产业取得更加快速与更高质量的发展，我国国家发展改革委于 2017 年 2 月颁布了《关于试行可再生能源绿色能源证书核发以及自愿收购交易制度的通知》，拟在全国范围试行为风电、光伏发电企业发放绿色能源证书以及建立可再生能源绿色能源证书自愿认购体系，这标志着我国在推行可再生能源配额制的进程中迈出了关键性的一步。

第四节　中国绿色能源产业政策特征

通过前两节对中国绿色能源产业政策的收集、整理与分析，我们将中国绿色能源产业政策的主要特征总结为以下几个方面：

第一，中国绿色能源产业政策中规划类工具太多。在笔者统计与整理的中国绿色能源所有产业政策中，仅仅有大约五分之一的产业政策有具体的执行路径与数字标准，大多数都是宏观层面目标规划类的政策。宏观层面政策数量占较大比例的时候会导致两个问题的出现：一是不容易衡量政策效果；二是无法与实践层面很好地联系在一起，比如政府财政投资与补贴政策，如果在政策中没有明确投资数额与补贴标准，下放到地方政府去执行时，会达不到预期的政策效果。此外，有些政策中目标的制定也与现实情况不符，比如在《可再生能源中长期发展规划》中，太阳能光伏发电量目标的设定与当时光伏产业发展形势有偏差，在实际过程中，我国太阳能光伏发电增长速度要比计划快很多。笔者发现，在所有政策中规划类工具数量过多是因为早期制定的政策未得到有效的实行，因而在后续的政策文本中被反复地提及；或者是因为早期制定的政策虽然在某种程度上已实行，但是并未达到理想的效果，因而在后续的政策文本中又被不断强调。

第二，在整理过的所有绿色能源产业政策中，财政投资补助与上网电价补贴类政策数量较多，而税收优惠政策在相比之下数量就少了很多。在所有 109 份政策文本中，由国家税务总局牵头颁布的税收优惠政策仅有 6 份，所占比例仅仅为 5%。当然，其部分原因是笔者对所有政策文本收集的不是特别齐全，但是如此低的比例也可以反映税收优惠政策工具的力度很弱。经过分析，笔者认为原因是已有税收政策集中在生产环节，忽略了在消费环节的税收优惠政策；税收政策只侧重于对可再生能源发展的鼓励，而在抑制传统能源发展与消费的方面却少有涉及，比如英国实行气候变化税、发电税，丹麦实行能源税、碳税来抑制化石能源的使用；有些税收政策在制定的过程中未考虑到绿色能源产业发展的实际情况，导致政策的针对性不强，从而政策执行的有效性就差很多，比如企业所得税的"三免三减半"与增值税的即征即退 50%，企业运行起来可以有营业收入，但是可能不会盈利，风力发电前期投资成本高，在减免的时间内可能不会有利润可言，因此，这种税收政策的有效性就降低了；与美国相对比，中国投资抵免、加速折旧、生产抵免等税收政策工具基本是空白。

本章小结

本章阐述了以风能、太阳能、核能为代表的中国绿色能源产业发展的现状与政策的演变，梳理了中国近年来发布的所有与绿色能源产业相关的政策文本，然后从文本数量、颁发部门等方面对政策文本进行了统计，最后从财政政策、税收优惠政策、电价补贴政策三个方面对所有的政策进行了归类分析，总结出中国绿色能源产业政策的特征：宏观规划类文本过多，微观执行类文本过少；税收优惠政策数量过少。

第四章

国外绿色能源产业发展借鉴

　　欧美与日本等发达国家工业化进展较快，自从 20 世纪 70 年代以来，它们对能源政策战略进行了实质性的改变，通过对绿色能源产业政策的调整，进一步完善与绿色能源产业相关的法律法规，使得本国绿色能源产业得到了快速发展。这样既满足了国家社会经济现代化快速发展的能源需求，也保护了本国的自然生态环境。本章节主要是梳理美国、日本、德国等几个具有代表性的发达国家在绿色能源产业上的政策思路，吸取它们的经验，总结它们的教训，力求能为我国绿色能源产业的快速发展做出些许贡献。

第一节　美国

一、美国绿色能源发展现状

　　美国是世界上第一个制定能源安全战略的国家。美国的能源安全战略的核心内容是节能，2009 年美国颁布了《美国清洁能源安全法》，该法提出美国应该进行能源转型，由日益减少的化石能源转向取之不尽用之不竭的可再生能源。这样可以带来两方面的好处，一是减少对化石能源的依赖，保证国家经济发展的能源需求；二是通过推动可再生能源产业的发展可以创造出成千上万新的岗位来促进国家的就业。近年来，随着政策的调整和新技术的发展，美国在能源替代的发展中取得了显著的成果。这种成果主要体现在了两方面：一方面是化石能源的使用越来越少，所占比重逐渐降低；另一方面是美国电力生产的能源结构发生了变化。如图 4-1、图 4-2 所示，2007—2017 十年的时间里，美国电力生产的能源结构发生了显著的变化：煤炭发电由 48.51% 降到了 29.89%；石油发电由 1.58% 降到了 0.53%；天然气发电由 21.57% 上升到了 32.14%；核能由 19.40% 上升到了 19.95%，变化不大；可再生能源由 8.49% 上升到了

17.02%。虽然说可再生能源发电所占的比例仍然排在了煤电、天然气发电以及核能发电之后，但是可再生能源发电的增长速度是非常快速的。据美国能源署预计，包括风能、太阳能和水力发电在内的可再生能源将在 2019 年共同产生 18% 的美国电力，2020 年将产生 19% 的电力。

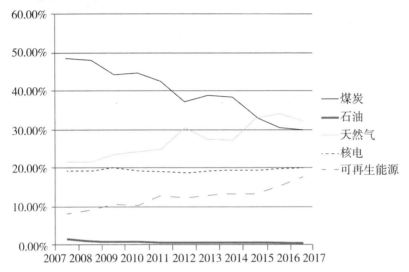

图 4-1 2007—2017 年美国各项能源发电量比例趋势图

资料来源：由美国能源署（EIA）网站数据整理而成。

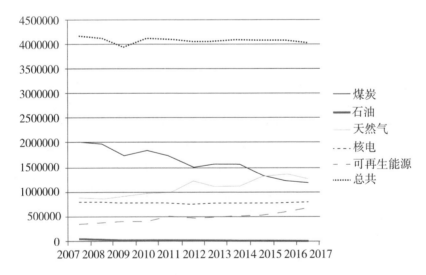

图 4-2 2007—2017 年美国各项能源发电量趋势图（单位：千兆瓦时）

资料来源：由美国能源署（EIA）网站数据整理而成。

二、美国发展绿色能源产业的相关政策

（一）税收政策

直接税。这一税收形式主要由个人所得税和公司所得税两部分构成。其中，公司所得税作为较普遍的形式，突出地体现为为发电企业的建设和投资成本提供了有效的帮助。比如，20 世纪末美国出台的《能源政策法》中明确指出要在长期内实现对地热和太阳能等能源方面的税收优惠政策，而且减税幅度达到了10%。在未来的十年里，国家对风能和生物质能采取有限期的减税政策，电价在每度电上减少 1.5 美分。此外，联邦政府还规定，对于那些州政府或市政府所属的并且符合减免条件的电力公司同样给予为期 10 年的减税政策。2003 年，政府又将每度电 1.5 美分的优惠幅度增加到了 1.8 美分。2005 年美国总统布什签署了《国家能源政策法》，该法旨在鼓励提高能源效率与节约能源，促进可再生能源对化石能源的替代。此外，法案还明确对企业、个人等行为主体在使用光伏设备方面可无条件获取一定的优惠，优惠力度可达 30%。2008 年国际金融危机以后，为了加快经济复苏，振奋经济，又进一步颁布了《美国复苏与再投资法案》，从而在更大程度上减免了投资领域的税收，并明确强调要对企业提供不超过 450 亿的帮扶，时间不超过十年。此外，对于个人用户，则规定了如果家庭住宅用户在自己房屋上安装能源类设备，同样也可享受一定的税收优惠。

间接税。间接税包括了消费税、增值税、气候变化税以及其他税种。从间接税优惠层面来看，消费税是实施最多并且力度最大的一种税。早在 1978 年，美国就颁布了《能源税收法》，在该法中特意提到了燃料乙醇，同时为了推动乙醇的推广应用，政府特地对消费税实行了一定的扶持——减免消费税。而且国际金融危机之后颁布的《美国复苏和再投资法案》更是将生物质能消费税的减免力度从 0.5 美元/加仑进一步提升到 1 美元/加仑。

税收抵免。税收抵免大致可分为两种类型：一种为生产抵税。20 世纪 90 年代美国颁布的《能源政府法案》中提出对绿色能源（主要是风能和生物质能）实行生产税抵免，规定了风能和生物质能企业自公司投产起 10 年内，生产出的所有的电能都可从当年的企业所得税中免交 1.5 美分/千瓦时，在 2003 年又进一步地提高了抵免标准，由 1.5 美分提高到了 1.8 美分。后来，抵免范围由最初的风能和生物质能扩展到了太阳能、地热能、小型水能等。另一种是技术开发抵免。该减免是从技术开发角度去进行政策性激励，政府规定当企业在开发风能、太阳能、地热能等可再生能源的发电技术时，在投资总额中给予 25% 的优惠，

优惠资金从所得税中抵扣。

加速折旧。20 世纪 70 年代末的"滞胀"时期，美国政府出台的《能源税收法》明确表示对新能源行业而言无一例外的可以享受现存的优惠政策和加速折旧政策。

（二）财政直接补贴

财政补贴是美国政府为了推动可再生能源发展而采取的另外一个经济性激励政策。1990 年美国政府颁布了《清洁空气修正法案》，此法案是政府为了保护环境，限制二氧化碳、二氧化硫以及其他化学物质的排放而推动的一项政策，在此政策的鼓励下，用户如果主动使用生物质能来代替污染性能源则可以申请补贴。在 2000 年发布的《农业风险保护法》，为了鼓励农村使用可再生能源，直接为他们提供资金，以此推动农村生物质能的发展。2005 年颁布的《能源政策法案》涉及纤维素生物质能与风能，该法案对风能的发展提供了补贴，以鼓励风能的发展，补贴幅度是每千瓦时补贴 1.7 美分，为期十年。随着政府对政策的不断调整，在 2009 年颁布的《美国复苏与再投资法案》中政府大面积地扩大了补贴范围，在该法案中提到了总数将近 5000 个涉及风能、生物质能和太阳能等的可再生能源项目。

（三）财政投资

2009 年，美国出台了《美国复苏与再投资法案》，提出政府为绿色能源的发展提供 500 亿的资金支持。同样在 2009 年，美国政府也颁布了《美国清洁能源与安全法案》，该法案涉及生物质能、太阳能及地热能等可再生能源种类，规定了在 2009 年和 2010 年开始建设的可再生能源项目，政府按照建设成本的 30%给予一次性现金补贴，并且该法案特意强调补贴资金不计算在纳税金额中。为了保证可再生能源项目建设的顺利进行，美国特意设立了相应的研究机构，以研究扶植新能源行业发展的相关政策。其中，2013 年一年的时间里，办公室就向 70 家企业发放了总额高达 1050 万美元的研发补助。奥巴马政府为了大力发展包括风能、太阳能、地热能、生物质能在内的可再生能源，在上台之时便计划三年内将可再生能源产量翻一番，到 2012 年时整个国家有 10%的电力由可再生能源提供，为了达到这个目标，政府计划在 10 年的时间里投资 1500 亿美元用于发展可再生能源产业。

（四）可再生能源配额制（Renewable Portfolio Standard，RPS）

可再生能源配额制是指一个国家或者地区以法律形式对可再生能源发电在电力供应中所占份额进行强制性规定。为了刺激可再生能源市场的发展，形成市场需求，美国政府在 2005 年颁布了《能源政策法案》，该法案严格规定：

"2007—2009 年可再生能源发电额度在电力消费总额度中不得低于 3%；2010—2012 年绿色能源份额不得低于 5%；2013 年后不得低于 7.5%"。2007 年国际金融危机时期，美国政府当局颁布了《联邦能源独立与安全法案》，旨在对平时的生活热水进行规制，重点强调联邦政府下属的建筑改造部门在实际施工时所用生活热水的 30% 应该也必须使用太阳能获得。《美国复苏与再投资法案》中要求到 2020 年，绿色能源要在电力供应中所占的比例达到 20%。

作为世界上第一个实行配额制并且取得巨大成功的国家，不仅联邦政府，州政府也出台了一系列的约束性指标，建立了"可再生能源设备交易许可制度""绿色能源消费选择"等制度以鼓励消费者选择绿色能源。到目前为止，美国已有 30 多个州都已经制定并实施了可再生能源配额制，强制性要求本州绿色能源达到规定的比例份额，责任主体为电力企业，形成了绿色交易制度。

第二节 日本

一、日本绿色能源发展现状

日本的地理因素导致其是一个资源极度匮乏的国家，所需的能源全部依赖进口。20 世纪 70 年代，两次石油危机对日本经济造成了巨大的影响，日本政府深刻地吸取了石油危机所带来的教训与经验，尽可能地调整国内能源供需结构，提出了"稳定供给"，即最大限度地控制石油能耗，促进核能以及可再生能源等替代能源的发展。20 世纪 90 年代，日本政府又提出了"稳定供给+经济性+环境保护"，旨在为了保护地球环境，促进经济与环境的协调发展。经过几十年的发展，核能、可再生能源等替代能源有了明显的发展，日本能源需求结构有了一定的改善，但在 2011 年日本福岛核电站发生了核燃料泄漏的事故，由于地震引发的风险以及日本地理结构的特殊性，日本民众失去了对核电安全的信任，人们普遍意识到不能将能源需求放在藏有巨大风险的核能上，因此，日本只能将能源发展重点放在可再生能源上。如图 4-3 所示，在 2011 年日本核能消耗量呈断崖式下跌，直到 2016 年核能的发展依然处于停滞的状态。反观可再生能源的发展，虽然 2011 年之前也是处于增长的状态，但是增长幅度较小，2011 年之后由于核泄漏事故的发生，太阳能、风能等可再生能源有了较为快速的发展。

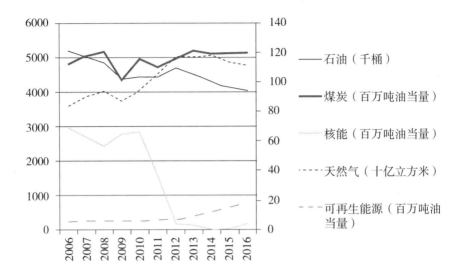

图例：
石油（千桶）
煤炭（百万吨油当量）
核能（百万吨油当量）
天然气（十亿立方米）
可再生能源（百万吨油当量）

图 4-3　日本 2006—2016 年各类能源消耗量变化图

数据来源：根据 BP 公司 *Statistical Review of World Energy*（2017）数据整理而成。

二、日本发展绿色能源产业的相关政策

（一）税收政策

最典型、最广泛地使用税收优惠政策的国家就是日本。由于日本特别重视新能源产业的发展，所以不断对本国的新能源行业给予不同程度的补贴和优惠。具体来看，首先，从 1998 年开始日本就已经把新能源产业发展的重要性和具体发展要求写进了税收法案。其次，从 2006 年开始，日本将对新能源产业发展的扶持延伸到了使用新能源设备的其他行业，对相关行业均给予了不同程度的优惠。其中，具体体现为减免或取消生产和使用新能源设备的企业的固定资产税这一重要层面。再次，2008 年日本当局对新能源产业的扶持力度进一步强化，《推广太阳能发电行动方案》就是典型的政策代表。该方案对家庭和企业等微观主体利用太阳能提供了政策保障。方案中明确指出减免使用新能源的家庭和企业所承担的部分税种。最后，从 2009 年至 2013 年，如果有中小企业参与或者投资新能源产业的发展，将享受免征 4% 法人税的优惠，同时如果企业直接从事新能源生产产品的销售领域，将进一步享受政府给予的增值税的减免支持。

（二）财政补贴

财政补贴同样也是日本当局支持新能源产业发展的一个重要手段，而这一

财政补贴主要来源为石油进口所获得的税收。事实上，日本几乎每年都会为各种类型的可再生能源建设项目①提供补贴和帮助。例如，提供宣传费用。日本政府曾宣布应为大力发展新能源产业的相关部门②提供不超过所需宣传费用一半的补贴。扶持项目推广、扩大用户范围。日本对于符合要求和规定的新能源项目均给予补贴并帮助其扩大使用范围。具体表现为，一是给予相应推广项目不超过三分之一的相关补贴；二是给予相应管理和出租公司以及个人一定的补贴；三是鼓励消费者使用新能源产品。21 世纪之初日本当局就投入了高达 1230 亿元来支持和鼓励更多的消费者使用并安装新能源设备。

（三）技术激励

为促进可再生能源方面的技术研发，日本政府将大量的财政资金投入其中，并出台一系列的改革措施鼓励民间资本的参与，以期通过能源技术创新在未来世界市场中占据主导地位。仅 2007 年日本政府在新能源技术研发方面的财政资金总投入就达 1153 亿日元，其中约 21.3%用于经验研究，约 28.7%直接用于技术的实际研发应用，而技术应用的推广则占总额的 50%左右。与此同时，日本政府大力支持降低新能源技术的研发成本，在新能源技术的推广方面除进行大规模的资金投入外，同时给予政策引导。如通过强制要求，一些政府部门和社会团体率先购买使用新能源技术的研发产品，包括太阳能发电器和太阳能热水器等产品，对使用太阳能的个人家庭则给予直接的现金补贴，实现了可再生能源在全社会的迅速推广。

（四）法律工具

日本政府为了实现大力扶持新能源产业发展的目标，从上层建筑的层面出发制定了诸多的法律法规和政策规划。1980 年，《替代石油能源法》的出台为其他能源（特别是新能源，如清洁能源③）的兴起和迅速发展提供了最佳契机。1997 年，日本政府颁布的《促进新能源利用的特别措施法》不仅为新能源利用提供了重要路径，而且还进一步推动和激励了以光伏发电为代表的一些可再生能源的兴起和发展。21 世纪初期，日本当局又对《促进新能源利用的特别措施法》做了进一步的修改与完善，主要是扩大了新能源的使用范围，涵盖了生物质能和冰雪能源的利用。之后，随着《电力设施利用新能源特别措施法》的出台与落实，政府对新能源产业发展的要求愈加严格和急促，尤其是规定电力企

---

① 太阳能发电设施建设项目、风力发电设施建设项目、生物质能建设项目等。

② 大规模从事太阳热利用、风力发电及废弃物发电等，或宣传可再生能源的公共团体。

③ 以核能、太阳能、风能、海洋能、地热能、生物能为主要代表。

业必须在一定时期内完成定额的发电量，否则将对该企业进行严格处罚。直至2008 年，日本仍然在对《促进新能源利用的特别措施法》进行修改完善，进一步界定了新能源的概念，认为新能源应涵盖太阳能、生物质能等 10 种能源。当前，日本出台的《再生能源特别措施法案》进一步强调电力企业应该而且必须收购所有太阳能、地热能等可再生能源所生产的电力，并且还要以固定价格执行。日本政府相继制定和实施了一系列能源法律法规，为可再生能源的发展创造了良好的环境，推动了可再生能源产业研发、销售等各方面的发展。

第三节　德国

一、德国绿色能源发展现状

德国是世界第四大经济体，也是欧洲最大的经济体和老牌工业国家。在世界能源发展史上德国是电力市场改革的先锋，也是能源转型政策实施者。煤炭、石油等化石能源以及核能都曾是德国的消耗重点。同日本一样，德国在 1973 年经历了石油危机后，政府同样意识到了要加大能源结构转型的力度，"远离石油"成了最主要的能源目标，这时天然气和核能就成了重要的替代能源。在1974 年修订的电力法中提到：计划在 1980 年核能发电量要达到 20000 兆瓦，到了 1985 年在这个基础上还要翻一番，发电量要增长到 45000~50000 兆瓦，最终目标是核电要在国家总供电量中所占的比例达到 45%。但是随着 1986 年切尔诺贝利核电站事故以及 2011 年福岛核电站事故，许多德国民众都担心核能的安全性，从而影响了核能的继续发展，在这种背景下，发展绿色能源就成了必然。2017 年德国的总发电量为 6550 亿千瓦时，已经满足了全国的用电需求（2017年德国用电量为 6000 亿千瓦时）。如图 4-4 所示，相对于 2016 年，德国电力生产结构已经发生了明显的变化，可再生能源发电快速上升 15%，发电量达到了2180 亿千瓦时，绿色能源的产量已经达到了德国总发电量的 1/3，但煤电、核电等都出现了大幅度的下降，煤电下降幅度甚至高达 17.5%。《可再生能源法》在经过多次修改后对可再生能源在能源结构中的占比提出了更高的目标，即到2025 年绿色能源在总电量中的占比要达到 40%~45% 的目标，到 2035 年达到55%~60%，到 2050 年要达到 80%。

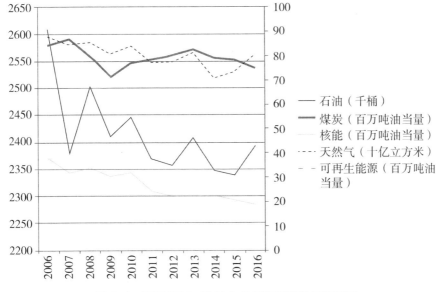

图 4-4　德国 2006—2016 年各类能源消耗量变化图

数据来源：根据 BP 公司 *Statistical Review of World Energy*（2017）数据整理而成。

二、德国发展绿色能源产业的相关政策

（一）技术研发补贴政策

德国和美国是高度重视新能源技术研发和利用的代表。在新能源技术研发方面，德国是开创者和领导者。德国是世界范围内最早开始倡导开发和利用新能源的国家，在众多可再生能源技术专利的数量上都是世界第一。早在 1990 年德国政府为了大力推广太阳能的发展，推出了"1000 太阳能屋顶计划"，为太阳能发电的建设提供资金支持。2006 年，政府在太阳能技术研发领域的投入额已经超过 1 亿欧元。同年德国政府提出了"高科技战略"，该战略提出要在 2006—2009 年将 40 亿欧元用于支持和奖励可再生能源技术创新。经过政府大力支持，到了 2012 年，在可再生能源技术研发和创新领域投入的资金达到了 GDP 的 3%。除了政府的财政支持外，政府的其他相关部门也对可再生能源新技术的研发进行了大力的支持，比如美国环境部设立了海上风电基金会。

（二）生产及上网补贴

在当今能源发展阶段，可再生能源技术的滞后与实际操作中并网的难度导致了可再生能源发电的成本较高，从而电价就会相应升高。由于价格的差异，

在电力市场上绿色能源处于竞争劣势。为了解决这种困境，世界各国通用的方法就是对可再生能源发电进行电价补贴。到目前为止，德国对绿色能源的补贴支出是世界上补贴最高的国家之一。1990 年，德国政府颁布了《电力供应法》，该法案提出了全额收购制度以及首次提出了固定电价制度（Feed in Tariff，FIT），要求供电公司在向发电公司购买绿色能源时购电价格不得低于平均电价的 90%，尽管绿色能源的生产成本要比常规电力高 50%。另外，该法还规定了绿色能源的收购价格必须高于常规电力的价格。《电力供应法》的颁布大大提高了绿色能源的市场竞争力。2000 年德国政府修订了《可再生能源法案》，同时废除了《电力供应法》，即以《可再生能源法案》取代了《电力供应法》，成为推动德国绿色能源发展的重要法律基础。在此后的十几年的时间里，《可再生能源法案》经过多次修正，在 2012 年通过了《可再生能源法案》（EEG—2012）。《可再生能源法案》精确规定了太阳能发电、风能发电、水能发电、生物质能发电、沼气发电等十多种绿色能源的具体上网电价，为绿色能源的发展提供了良好的市场环境。另外，此法还根据地区地理环境的差异性、可再生能源发电技术类别、装机规模、建设难度等进行了差异性定价。比如，在太阳光照射比较弱的地区的太阳能电力的价格就要比其他太阳光照射比较强的地区要高，这样的政策保证了绿色能源投资者的利益，从而推动绿色能源在全国范围内快速发展。

（三）金融扶持政策

为了保障绿色能源的发展，德国出台了一系列贷款措施。最为典型的是德国当局特别指出，德国的政策性银行需要积极地为新能源行业的发展提供优惠政策，特别是贷款优惠。因此，德国的风电发展行业可以从银行享受 2.5%～5.1% 的低利率优惠政策也就丝毫不足为奇了，该利率水平比市场利率要低 1～2 个百分点，给予的贷款期限长达 20 年，另外还可将贷款总额的 30% 作为补贴再还给可再生能源项目投资者。大型风电项目的建设可以轻易地得到银行贷款，但是投资额低的小型项目想得到银行的贷款支持就不是那么容易了。为了支持中小型风电项目的发展，德国复兴银行等政策性银行还为销售额低于 5 亿马克的风电场提供高额度的融资。低息贷款等金融政策的实施解决了绿色能源发展过程中资金缺乏的问题。有了可靠的融资渠道，在政府的支持下，德国绿色能源项目得到了快速发展。

第四节 国外绿色能源产业发展对我们的启示

一、加强立法工作

新兴产业的发展离不开国家法律的支持，绿色能源产业的发展是一项系统且复杂的工程，从技术研发、投资生产到市场推广与销售都需要各种政策和技术创新作为基础。

事实上，要想实现绿色能源的长期可持续推广以及保护自然环境，关键核心就在于法律的运用和不断完善。美国自 1978 年先后颁布了《能源税收法》《能源政策法》《国内税收法案》《联邦能源安全法案》《美国复苏和再投资法案》《国家能源政策法》等众多法案；日本自 1980 年起相继推出《替代石油能源法》《促进新能源利用的特别措施法》《电力设施利用新能源特别措施法》《新能源法》《再生能源特别措施法案》等法案；德国政府自 1991 年起颁布了《电力供应法》、《可再生能源法》（EEG—2000）、《可再生能源法》（EEG—2004）、《可再生能源法》（EEG—2006）、《可再生能源法》（EEG—2008）、《可再生能源法》（EEG—2012）、《可再生能源法》（EEG—2014）、《可再生能源法》（EEG—2017）等法律法规。

通过借鉴美国、日本、德国的立法经验，我们可以得到如下启示：

1. 明确责任主体。法律的制定应对绿色能源的生产商、电网系统运营商以及供电商都进行明确的权利义务规定，从而形成一条从生产到销售的环环相扣、关系紧密的发展链条。

2. 发展目标明确。发展目标是一个国家或地区制定优惠政策的依据和目的，是立法的依据和目的，也是一个国家可再生能源法顺利发展和实施的重要内容和前提。可再生能源法的制定要包括可再生能源发展的总量目标、上网电价、优惠力度与补贴幅度等具体内容。明确的发展目标也是明确责任主体的保障。

3. 法规调整及时。可再生能源技术研发在不断进步，世界能源环境也在不断发生变化，因此，《可再生能源法》也要根据变化不断地进行修正。德国自从2000 年首次颁布《可再生能源法》后先后修正了五次之多。

二、重点运用税收优惠政策

可再生能源产业是一种具有正外部性效应的产业，该产业在发展的前期投入资金数额较大，在短期内又很难看到收益。在市场经济的环境下，如果选择投资可再生能源产业则意味着在一定的时间内资金的投入与经济效益不会成正比，即出现了"市场失灵"的现象。为了解决市场失灵的问题就需要国家的政策干预，而税收政策就是一项非常有力的调控工具。政府可以通过税收减免、加速折旧、税收抵免等方式降低可再生能源项目建设成本，引导社会资金流向可再生能源领域。

（一）税收优惠促进投资

《美国复苏和再投资法案》提到，对可再生能源领域的投资者实行减免投资税的政策来促进绿色能源投资。计划在未来十年的时间内，对企业减免高达 450 亿美元的投资税。不仅对企业，对个人同样实行减免投资税的政策，《国家能源政策法》中规定居民个人在住宅安装光伏发电装置所得到的收益享受投资税减免优惠。除美国外，世界多国政府也通过减免投资税、进口关税、增值税等措施来鼓励投资者对绿色能源进行投资。

（二）税收优惠促进生产

为提高绿色能源产量，国外很多国家均实施了生产税抵免政策。如美国政府规定风能与生物质能发电企业自投产之日起的十年时间里，每生产 1 千瓦时的电力可以免交 1.5 美分的生产税，之后又将标准从 1.5 美分提高到了 1.8 美分，并将减免范围从风能与生物质能两种能源扩大到所有的可再生能源。

（三）税收优惠促进消费

发达国家通过税收优惠政策来促进绿色能源的消费主要分为直接和间接两种方式。直接方式为政府直接对绿色能源的消费税等税种进行减免，强化民众环保意识，促进绿色能源消费。间接方式为政府对传统化石能源提高征税额度或者开征新税种，以提高化石能源的生产成本，削弱化石能源的市场竞争力。比如，英国以工业、商业和公共等消耗部门为对象开征气候变化税，气候变化税实行从量税，即每千瓦电力多征收 0.43 便士；丹麦政府自 1976 年开始就对可再生能源免征能源税与环境税；拉脱维亚共和国从 2005 年起对传统能源多征收18% 的增值税。

三、加大技术研发力度

能源安全与气候变化已成为世界各国关注的热点话题，在联合国签署的

《巴黎协定》中，90%以上的国家都将可再生能源作为重要发展方向并制定了具体的发展目标。目前来看，可再生能源产业化发展的最大瓶颈为成本高与消纳难。而可再生能源技术创新有助于降低其生产成本，解决绿色能源并网与消纳问题，提高绿色能源的市场竞争力，是实现绿色能源大规模发展的关键推动力。

可再生能源技术创新离不开政府和企业对技术研发的重视，对技术研发提供资助与奖励是目前各国政府促进可再生能源技术创新最主要的方式。如德国政府在1990年推出的"1000太阳能屋顶计划"，对太阳能发电的研发与建设提供了大量资金；日本政府为了促进可再生能源技术的发展也投入了大量的资金用于基础技术研发。由于政府的支持和推动，美国、德国以及日本等国家在能源技术创新、知识产权保护等领域均取得了显著的成绩。

四、有效的财政补贴政策

新兴产业在发展前期具有投资额度大、经济收益慢、投资风险大、市场环境差等特点，仅仅依靠企业自身去发展，往往会遇到较大的阻力和困难。另外，在可再生能源产业的发展过程中存在一些非技术障碍，需要得到国家层面的支持和引导。国家与政府对企业的财政补贴政策对绿色能源产业发展具有重大作用。政府实行的财政补贴政策一般分为以下三类：

投资支持。投资支持适用于绿色能源企业发展的初期，主要目的是降低可再生能源新技术的研发和应用成本，进而降低投资者的投资风险。具体操作方式为：投资者先行负担企业成立初期的建设成本以及后续的技术引进成本、技术研发成本，之后政府对符合条件的企业按比例将技术引进成本、技术研发成本以补助金的形式返还。此外，政府为鼓励投资者在绿色能源产业中加大投资力度，还采用了优惠条件贷款、成本利率补贴等措施。

价格补贴。为使绿色能源在电力市场上具有竞争力，以德国为首的西方国家实行了保障性质的固定电价政策（Feed in Tariff，FIT），如德国政府颁布的《可再生能源法案》（EEG—2012）中就明确规定了太阳能发电、风能发电、水能发电、生物质能发电、沼气发电等多种绿色能源的具体上网电价。价格补贴政策变相降低了绿色能源的生产成本，鼓励更多的投资者参与到绿色能源产业中来，引导社会闲散资金流向绿色能源行业。

消费者补贴。在对消费者进行消费补贴方面主要有增值税、个人所得税以及企业所得税的抵免政策。这些抵免政策提高了消费者的实际购买能力，增强了消费者的购买意愿，从而促进了绿色能源产业的发展。

本章小结

　　绿色能源的发展对于环境保护、能源结构改善和经济可持续性发展均有正面促进作用，但目前绿色能源产业在世界范围内尚处萌芽和成长阶段。和西方发达国家比较，我国的绿色能源产业发展则更为缓慢。为更好地促进我国绿色能源产业发展，本章对美国、日本、德国三个发达国家的绿色能源产业发展现状以及相关扶持政策进行了梳理，以期从中获得经验性启示。

第五章

绿色能源产业成长动力机制与路径

本章首先从理论角度分析了中国绿色能源产业成长的动力机制，同时提出了促进绿色能源产业成长的动力因素。然后在此基础上，从政府导向和市场导向两个方面对绿色能源产业的成长路径进行了分析。

第一节　相关概念

一、动力机制

"机制"这一概念最早源于希腊的理工科术语，原指机械、机械构造及运行原理。此后这一概念被移植于生物学、生理学和医学中，用以说明有机生命体的内部构造及其运动原理；后又进一步广泛运用于自然科学和社会科学的研究中，以泛指某一复杂系统的内部结构、工作原理及其内在规律性，包括有关组成部分的相互关系以及内部各种变化的相互联系。而"动力"则主要指影响事物发展的作用力，决定事物的发展方向，为直接作用于事物的内部动力与间接作用于事务的外在原因。动力的概念比较宽泛，但在经济学层面，动力通常是和机制联系在一起的，单就动力来论述经济范畴的相关知识是很难表述清楚的。

动力机制是指"在事物的发展过程中起推动作用的因素结合起来，形成一种相互影响的关系，它是促进事物发展的一种积极成长机制。在经济学研究中，动力机制主要是指经济实体在其实现某种目标过程中受到的来自经济实体内部和外部的各种力量，以及通过这些力量的构成要素、结构、作用过程和作用机理等形成的统一体。就经济学研究而言，动力机制包含了新技术、人才、制度等因素，且彼此间是有机联系在一起的"。

动力机制是个系统的概念组合，可以将其表达为三大方面，一是动力机制各内在要素相互间的作用和协调；二是动力机制作用产生的条件和环境以及在条件和环境发生变化时，动力机制所呈现出的状态；三是动力机制的运行效果，在对动力机制进行调控时，怎样组织安排才能使整体达到最佳的效果。

二、绿色能源产业发展的动力机制

绿色能源产业发展需要把握其内在动力机制，绿色能源产业发展的动力机制是指推动绿色能源产业形成与发展的力量结构体系及其运行规则。绿色能源产业发展动力机制研究主要在于分析动力机制的各内外因素和各因素的排列体系及运行规律，进而建立绿色能源产业发展的动力系统。

需要注意的是，绿色能源产业发展的动力机制不是一成不变的，而是一个动态的演进过程，具有有机性、整体性和周期性的特点。因此，在把握各因素相互组合继而发生作用的基础上，应当着重研究各组成部分的有机因子和机制的运行环境等特征，从动态的过程中去分析这些因素的运行规律。

第二节　绿色能源产业成长与成长动力分析

一、产业成长与成长动力

产业成长是国内外学者一直以来都非常重视的话题。一般而言，产业成长可分为广义和狭义两个层面[1]，狭义的产业成长指的是单个产业发展要经历萌芽、成长、成熟和衰退四个阶段，即一个产业生命周期；而广义的产业成长则包括了产业成长的动力机制及成长模式等内容。本节主要从广义角度来阐述中国绿色能源产业成长的动力机制问题。

熊彼特在研究产业成长问题时，从创新会促进企业成长的角度出发，强调了企业创新的重要性，并认为企业创新可以带来某些产业的创新，甚至可以引起产业的突变。因此，在研究产业成长时需要关注企业的成长。[2] 马歇尔（1920）从进化论的角度对产业成长问题进行了分析，并提出了与熊彼特不同的理论。他认为，众多企业在规模、组织、知识等方面都存在差异性，这些企业个体的成长和衰败是经常性的，而由众多企业组成的产业的发展则可能经历较

---

① 鲍宏礼，周兴旺，王庆. 产业经济学 [M]. 北京：中国经济出版社，2018：36-38.

② HEINZ D K. Innovations and Profits：Schumpeter and the Classical Heritage [J]. Journal of E-conomic Behavior & Organization，2008，67（1）：263-278.

长时间的波动，甚至呈现出长期平稳向前的发展态势。迈克尔·波特于 1990 年在《国家竞争力》一书中提出了竞争优势（Competitive Advantage）理论，又称为"钻石模型"，认为具有国际竞争优势的产业包括四种内部决定因素和两大外部因素。四种内部因素为要素条件，需求条件，相关辅助产业，公司的战略、组织以及竞争；两大外部因素包括随机事件和政府。

二、产业生命周期理论

产业生命周期理论是在哈佛大学弗农（Vernon）教授产品生命周期理论的基础上发展起来的，弗农依据产业从工业发达国家到后发工业国家，再到开发国家的顺次转移现象，将产品的生产划分为导入期、成熟期和标准化期三个阶段。迈克尔·波特（Michael Porter）在此基础上进一步指出，这三个阶段分别代表了国际产业竞争中创新驱动、投资驱动和要素驱动三种基本形式。

产业生命周期理论中代表性的两种理论模型有 A-U 模型和 G-K 模型。阿伯纳西（W. Abernathy）与厄特拜克（J. Utterback）提出了基于技术创新的产品生命周期理论，即"A-U 理论"，研究了创新对产业成长的作用。高特（Gort）与克莱伯（Klepper）在 1982 年按产业中的厂商数目将产业生命周期划分为进入、大量进入、稳定、大量退出、成熟五个阶段，即"G-K 模型"。认为阶段 2 的大量进入源于外部创新，阶段 4 的大量退出则由于价格战、外部创新减少，阶段 5 为产业成熟期，直至有重大技术变动或重大需求变动产生，产业进入新一轮的生命周期。

第三节　绿色能源产业成长的动力因素

通过对产业成长动力的分析，在迈克尔·波特提出的竞争优势（Competitive Advantage）理论的基础上，笔者提出了绿色能源产业成长的"4+2"动力机制，即四大内部动力、两大外部动力。如图 5-1 所示：

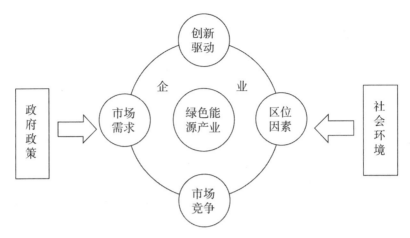

图 5-1　绿色能源产业成长的动力机制

一、绿色能源产业成长的内部动力

（一）创新驱动

绿色能源产业作为战略性新兴产业，是典型的创新驱动型产业。创新对新兴产业的驱动主要表现在技术和制度两大方面。根据熊彼特的创新理论，企业通过创造性重组资源，不断积累新技术和创新能力，从而促进新兴产业的出现。制度创新常被用来解释规则、标准和惯例怎样驱动或阻碍新兴产业的出现和发展，新兴产业的出现和发展需要获得制度支持和合法化以及产业的共同进化，制度的制定者在支配资源和建立新的组织形式上起着重要的作用。

（二）市场需求

市场需求的变化是新兴产业发展的重要推动力。2009 年 11 月 3 日，温家宝发表了《让科技引领中国可持续发展》的讲话，提到中国战略性新兴产业发展具有三大特征：一是产品要有稳定并有发展前景的市场需求；二是要有良好的经济技术效益；三是要能带动一批产业的兴起。这段讲话中提到了三个关键点，即市场需求、技术效益和产业链的延长，并将市场需求放在了第一位，这也从侧面说明了市场需求对产业发展的重要性。美国经济学家施莫克勒（J. Schmookler）在《创新和经济增长》（*Invention and Economic Growth*）一书中，最早提出了创新受市场需求的引导和制约，创新者所实现的利益与市场规模成正比，因此，更大的市场需求将会有更多的创新出现。1999 年意大利都灵大学教授克里斯蒂亚诺·安东尼奥内利（Cristiano Antonelli）在《技术变革的微观动力》（*The Dynamic of Localized Technological Change*）一书中提到了和施莫克勒相似的结论，即对机械工程部门来讲，市场需求对企业创新活动具有显著的正向影响。[1] 同样，Ch. Le Bas 研究了市场需求数量对企业研发支出的影响，发现这一影响是积极的，并且作用十分明显。

我国绿色能源产业的终端市场需求相对匮乏，发展绿色能源的成本依旧很高，市场需求的变化是绿色能源产业发展的重要影响因素。[2] 因此，应该着力培育绿色能源的市场需求，吸引更多的企业向绿色能源产业投资，从而促进绿色能源产业规模的不断扩大，最终形成一个完善的产业体系。

（三）区位因素

区位优势是一个综合性概念，即某一地区在发展经济方面所具备的有利条件或优越地位。一个地区的区位优势主要由自然资源、劳动力、工业聚集、地理位置、交通条件等决定。在杜能（J. H. von Thunen）的"农业区位论"中，土地要素对农业生产具有重大意义。而在工业化的早期，土地因素被原材料距离和运输成本因素所代替，这主要反映在韦伯（A. Weber）的"工业区位论"中。国内学者杨吾扬在《区位论原理》一书中，将区位因素概括为自然因素、运输因素、劳动力因素以及市场因素、聚集因素等。

根据经典的区位理论，大致可以将绿色能源产业发展的区位因素分为三大类：一是自然资源因素，二是市场供需因素，三是人口分布因素。从我国目前的绿色能源产业发展状况看，前两种区位因素的影响较大。首先，自然地理环境在很大程度上影响了绿色能源的分布。其次，市场需求在一定区域集聚对区域社会经济发展的综合效益会对该地区绿色能源产业的发展起到推动作用。

（四）市场竞争

托比·哈菲尔德（Toby Harfield）的研究表明，在新兴产业出现的过程中，相对于政府的鼓励措施，市场竞争对于新兴产业的发展更为必要。产品市场竞争和企业发展是紧密联系在一起的，企业的道德行为使其获得竞争优势。[3] 从企业社会责任战略的角度来看，企业面临的市场竞争环境越激烈，则越有动力在社会行为上进行投资。鲁索（Russo）等人的实证研究表明，社会绩效是构成竞争优势的一个来源，特别是在高增长行业中。玛丽昂·杜皮尔·德克莱克

---

① ANTONELLI C, CALDERINI M. The Dynamic of Localized Technological Change [J]. Economics of Innovation and New Technology, 1998, 6 (2-3): 97-120.

② 焦健. 中国可再生能源发展面临的几个问题与对策 [J]. 生态经济, 2016, 32 (11): 53-58.

③ JONES T M. Instrumental Stakeholder Theory: A Synthesis of Ethics and Economics [J]. Academy of Management Review, 1995, 20 (2): 404-437.

（Marion Dupire Declerck）等人的研究发现，产品市场竞争与企业的良好发展有着长期的平衡关系，竞争的积极影响会影响企业的社会行为，使其得到更好的发展。因此，绿色能源产业的发展除了重视创新、市场需求以及区位因素外，还应重视市场竞争所带来的正向作用，使绿色能源产业在竞争中不断发展壮大。

二、绿色能源产业成长的外部动力

（一）政府政策

政府政策对于产业发展是否有推动作用至今仍是一个有争议性的话题，学术界没有一个统一的认识。部分学者认为产业发展成功与否的关键在于是否具有健全的市场竞争机制以及企业家的创新精神，产业政策对于产业的发展并没有明显的推动作用。学者比森（Beason）对日本的 13 种产业从 1955—1990 年的成长和产业政策的相关性进行了研究，结果表明产业成长与产业政策的实行并没有显著相关性。① 妮可·波尔（Nicole Pohl）研究了日本产业振兴合作组织（IRCJ）的目标及其与市场的关系，② 发现由于产业振兴合作组织功能的不明确，使其在产业再生产方面无法达到预期目的。因此，对政府作用的发挥有待进一步探讨。2016 年，北京大学的张维迎教授与林毅夫教授针对政府产业政策是否有效进行了公开辩论，张维迎认为"产业政策都是穿着马甲的计划经济"，主张废除一切形式的产业政策，而林毅夫则认为经济发展需要产业政策。

笔者认为，政府实施产业政策的目的应是使经济多样化，从而产生具有比较优势的新领域，市场竞争和政府政策共同发挥作用，从而促进产业的发展。产业政策作为政府进行资源配置的手段，可以推动相关产业进行技术创新，促进产业的发展壮大。中国是一个发展中国家，在绿色能源应用的核心技术上落后于发达国家，因此，产业政策的推行是推动绿色能源产业发展的强大动力和必要保障。

（二）社会环境

社会环境因素主要体现在政府和民众两个层面上。在政府层面主要体现在国家在宏观经济上对绿色能源产业发展的重视，制定出一系列的产业发展扶持政策，具体内容上文已经有过讨论，因此不再赘述。此外，社会广大民众对绿

① BEASON R, WEINSTEIN D E. Growth, Economics of Scale and Targeting in Japan（1955—1990）[J]. Review of Economics and Statistics, 1996, 78（2）: 286-295.

② POHI N. Industrial Revitalization in Japan: The Role of the Government vs the Market [J]. Asian Business & Management, 2005（4）: 45-65.

色能源的态度与参与是影响绿色能源产品在市场上推广的一个重要因素，比如社会民众对绿色能源重要性的认识、参与到绿色能源假设中所要具备的收入能力、绿色能源所带来的环境绿色化效果以及民众个体对不同种类能源选择使用的偏好效应等。首先，社会民众应当认识到绿色能源产业发展对我国经济发展的重要性。由于受到传统能源的制约和环境污染的加剧，经济发展的可持续性大大降低，而绿色能源是解决这一问题的良药，即使短时间内绿色能源替代不了化石能源在经济中的主体地位，但是未来绿色能源对经济发展的推动作用必然是不可替代的。其次，绿色能源产业在产业发展的初期肯定会遇到技术、市场需求等多方面的制约因素，这时需要社会民众的大力支持和参与，在经济条件允许的范围内，尽可能多地选择绿色能源产品，提高绿色能源企业的积极性和绿色能源产品的竞争力，只有这样我国绿色能源才会进步和发展。

第四节　绿色能源产业成长路径

一、政府政策的传递过程

政府政策必须具备可持续性、可行性与合理性。[①] 可持续性是指"政策的接受者可以做出与政府在制定之前预期相符合的反应"。可行性是指"为了保障制定的产业政策可以有效执行，政府决策者在制定政策时不仅要充分考虑到政策执行时的外部环境，还要明确具体的操作方式"。合理性是指"产业政策的制定要因地制宜，不可以一概而论，根据产业发展的现实情况和客观因素来制定相关政策"。此外，各部门与地方政府在接受中央政策文件时，要根据自身区域的产业特点，将政府产业政策转化为区域经济发展的优势。[②]

根据相关学者研究成果，本节将中国绿色能源产业政策的传递路径分为四个层次，如图 5-2 所示：一是中央政府部门根据绿色能源产业发展战略制定宏观产业政策；二是相关部委与省级政府在接收中央产业政策的基础之上对其进行充分的消化与吸收，然后根据本地区经济发展状况、自然资源禀赋等客观条

---

① 邱兆林. 中国产业政策有效性的实证分析：基于工业行业的面板数据 [J]. 软科学，2015，29（2）：11-14.

② 唐荣. 产业政策促进企业价值链升级的有效性研究：来自中国制造企业微观数据的证据 [J]. 当代财经，2020（2）：101-115.

件进一步制定符合自身发展的政策；三是县市级政府根据上级政府的指导意见制定符合本地区的产业政策，并直接作用于绿色能源企业；四是各级政府的产业政策会直接影响民众对能源的态度和支持意愿。

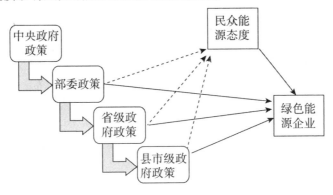

图 5-2　政府政策传递过程图

二、政府导向绿色能源产业成长路径

如图 5-3 所示，政府政策影响企业发展的演化路径为：（1）提升企业自主创新的能力。目前阶段我国技术创新主要还是集中在科研机构和高等院校，而绿色能源产业发展的主力军却是绿色能源企业。另外，国家科研支付补贴主要侧重于科研机构和高等院校，但通常情况下科研机构的研究成果与企业的技术进步需求总是存在着错位，在没有政策引导的情况下，二者为了更好地结合都付出了一定的时间和金钱成本。因此，政府应该充分发挥其引导作用，支持企业在绿色能源产业发展过程中扮演主导者的角色，由企业根据自身的发展需求来确定技术攻关的方向，然后众多研究院所在政府资金项目的支持下展开具体的科学研究，解决科研成果与企业需求不相符的问题。（2）完善资金扶持机制。在绿色能源企业中除了资金雄厚的大企业外，中小企业也是促进产业发展的重要力量。技术研发成本高昂与投资回报速度慢的特点决定了中小企业在发展过程中会受到更多的制约。针对这种情况，金融信贷、财政补贴、税收减免、投入资金等多项优惠扶持政策应向中小企业倾斜，支持和鼓励更多的企业进行技术创新，促进绿色能源产业的发展。（3）扩大人才队伍。按照绿色能源产业发展所处的阶段，各级政府部门应建立相匹配的人才引进模式，增加人力资本投资，落实引进高层次人才、高级管理人才。

绿色能源产业的最终产品是绿色电力，绿色电力流通的终点是整个社会所有的民众个体消费者，因此民众态度对绿色能源发展有重要作用。一方面，随着收入和生活水平的提高，民众更愿意接受成本较高的绿色能源减少空气污染；民众接受教育程度越高，接受的相关知识越多，对绿色能源发展的态度越积极；民众的性别与年龄对其能源态度都有着影响。另一方面，绿色能源的重大安全事故会让民众对绿色能源产生恐慌心理，从而降低绿色能源支付意愿。例如，切尔诺贝利核电站与福岛核电站核泄漏事故造成了重大的负面影响，日本等国家减缓甚至暂停了核电站的建设。民众作为绿色能源的最终消费者，其收入水平、受教育程度、年龄、性别等因素都会影响其对绿色能源的态度，进而影响绿色能源产业的发展。

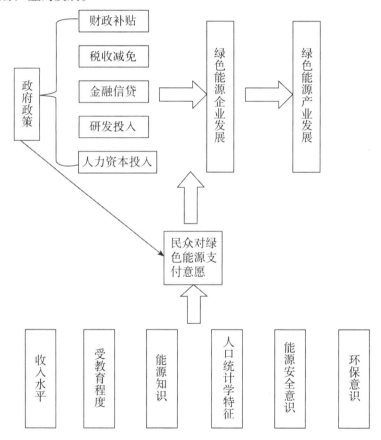

图 5-3 绿色能源产业成长路径

三、市场导向绿色能源产业成长路径

社会经济从传统生产观念向现代生产观念转变的过程中出现了"市场导向"的概念。传统的生产观念以企业为中心，消费者的需求是由企业的生产水平决定的，即生产决定消费。而现代生产观念更多将重心从生产者向消费者进行转变，在市场交换的过程中，消费者需求能够在很大程度上影响企业的生产水平，即消费决定生产。在这个过程中，不少学者都对市场导向与企业绩效的关系进行了研究，且多数学者认为市场导向对企业绩效的影响是正向的。比如于洪彦等人认为市场导向对企业绩效有直接的正向影响关系。此外在探究市场导向对企业绩效的影响路径时，张婧等人通过实地调查全国227家企业后发现，市场导向对企业绩效有着间接的正向影响作用，在这个过程中起到中介作用的因素是企业创新。企业创新可分为技术创新和管理创新，技术创新是指"企业对自身产品工艺和品质的提高"，而管理创新是指"企业管理在企业组织、业务流程等方面进行完善和重构"。除此之外，也有学者认为在市场导向对企业绩效产生正向影响的过程中存在着另外的中介变量。谢洪明在2005年以珠三角地区的企业作为研究对象，通过实证模型对其影响机制进行了研究，研究结果发现组织学习起到了中介作用。为了验证组织学习对企业绩效的影响作用，彭茜在2019年等人以林木牛物质能企业为研究对象，采用了偏最小二乘法结构方程模型进行了实证检验，实证结果同样验证了组织学习的中介作用，此外，还进一步印证了企业导向通过技术创新对企业绩效呈正向影响。基于众多学者的研究成果，笔者提出了市场导向绿色能源产业成长路径。

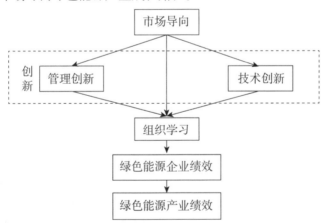

图5-4 市场导向绿色能源产业成长路径

四、政府导向与市场导向的协调

新中国成立之后，我国实行由政府为主导的计划经济模式。直到改革开放之后，才开始重视市场在国民经济中资源配置的作用。党的十九大报告中提到"使市场在资源配置中起决定性的作用，更好发挥政府作用"。至此，以市场配置资源的经济模式成了我国主要的发展模式。但是政府与市场之间的关系如何协调，如何有效运用两种工具来推动经济的发展，成了国内外众多经济学家都非常关注的问题。据中国发展经验来看，政府与市场都是不可或缺的经济发展手段，在发挥两种工具产生积极作用的同时一定要明确两者的运用范围，政府这只"看得见的手"既不能"越位"，也不能"缺位"，即在市场失灵时需要政府干预进行适度调整，但不可过度干预。

根据产业生命周期理论，每个产业的成长都要经历初创期、发展期、成熟期和衰退期。产业在不同的发展阶段，政府对产业发展的扶持力度应该有所不同，比如在初创和发展期政府扶持的力度和作用要比市场作用要大，而到了成熟期，产业的发展主要靠市场的调节作用。目前，中国绿色能源产业处于产业的发展期，这时加强政府对产业的扶持力度就更为重要。

本章小结

为分析中国绿色能源产业成长动力机制，笔者首先从内部动力和外部动力两个方面来说明。内部动力有创新驱动、市场需求、区位因素和市场竞争。创新驱动可以提高技术水平，成熟的技术降低了生产成本，增加产品附加值，提高绿色能源产业的市场竞争力；绿色能源产业的市场需求不断扩大，才能吸引更多的企业向绿色能源产业进行投资，从而促进绿色能源产业产品数量不断增多，最终形成一个完善的产业体系；由于各地区资源禀赋不同，区位因素可以决定一个地区发展哪些绿色能源产业，同时也可以降低产业的运输成本；市场竞争可以促进企业的技术进步和产业升级。外部因素有政治因素和社会环境因素。政府的推动可以使得绿色能源产业在初期能够得到更好的发展。在这个社会环境中，化石能源储量的减少和污染环境的程度较高可以影响政府和民众对能源转型的支持。

其次，在分析了绿色能源产业动力机制的基础上，笔者阐述了绿色能源产业成长的两条路径：政府引导成长路径与市场导向成长路径。政府通过金融信贷、减免税收、投入研发资金等多种资金支持和优惠扶持政策，可以刺激更多的企业进行技术创新，从而促进绿色能源产业的发展。民众作为最终消费者，其收入水平、受教育程度、年龄、性别等因素都会影响其对绿色能源的态度，进而影响绿色能源产业的发展。

第六章

中国绿色能源产业发展研究

——基于企业层面

本章从企业角度来研究中国绿色能源产业的影响因素，样本采用了40家中国内地绿色能源上市公司2007—2017年的面板数据，运用面板模型研究财政补贴、企业融资、企业投资、研发支出以及劳动力投入对企业效益的影响关系，然后又进行了企业经营类别异质性分析。

第一节　绿色能源企业成长分析框架

通过上述章节分析可知，技术创新、市场需求、投资补贴、劳动力投入既是绿色能源产业发展的动力因素也是制约因素。在明确了绿色能源产业发展所面临的制约因素的基础上，提出绿色能源产业分析框架。技术创新、市场需求与投资补贴是起中介作用的三个关键要素，绿色能源产业所有产业政策的实施都是通过三个关键要素进行传导而形成的一个整体。

如图6-1所示，财政政策、税收优惠政策以及价格补贴政策在内的产业政策，主要是通过三种途径来作用于绿色能源企业的发展：价格补贴政策能够增强绿色能源企业的市场竞争力，刺激市场需求；财政政策中的研发奖励类政策与要素支持类政策直接促进了绿色能源企业科研创新水平的提高；税收优惠政策间接地降低了企业的运营成本，增加了企业效益，提高了投资者的投资意愿，改善了绿色能源企业的投资环境。

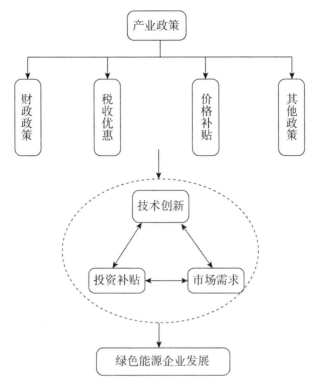

图6-1 绿色能源企业成长动力机制

第二节 模型与数据

一、面板数据模型

在实践应用与经济学研究中，学者将估计参数的数据类型主要分为三类：第一类是在同一时间某个指标在不同空间的观测数据，称为"截面数据"；第二类是将反映某一总体特征的同一指标的数据，按照一定的时间顺序和时间间隔排列起来，这样的统计数据被称为"时间序列"，在研究与分析该数据时所用的模型为时间序列模型；第三类是时间序列数据与截面数据相结合的数据，也就是在做分析时数据既有横截面也有时间序列的双重信息，这种数据被称为"面板数据"，分析所使用的模型被称为面板数据模型。

面板数据模型既能描述出单个个体在不同时间区间里的变化规律，也可描述在某个时间段内不同个体的特征差异，这一优势集中了时间序列模型与截面数据模型的优势。使用面板数据模型与单一使用时间序列模型或者截面数据模型相比，在分析上会有较多的优势。首先，面板数据模型从两个维度分析会使得样本量大幅增加，与横截面数据相比，明显会提高估计的精准度，与时间序列数据相比，显著提高了数据的丰富度，这样会减少解释变量间的共线性，提高计量估计的有效性。其次，面板数据提供了个体的动态行为信息，既能分析不同横截面之间的差异，也可以分析不同横截面之间的联系。再次，面板数据可以解决遗漏变量的问题。遗漏变量通常是由于不可观察的个体差异或者"异质性"导致，但面板数据可以很好地解决这个问题，这是截面数据所不具备的。最后，与截面数据相比较，面板数据能够控制由无法控制的经济变量所带来的OLS 估计偏差，从而使模型参数样本较为准确。因此，用面板数据来实证分析绿色能源政策效应，效果更好。

面板数据模型有固定效应模型、随机效应模型与混合效应模型三种，在实际研究中一般要通过 hausman 检验来确定面板数据的分析具体用哪一种模型。hausman 检验结果如下：

变量	系数			
	固定效应 (b)	随机效应 (B)	差值 (b-B)	标准误
财政补贴	6.501613	8.971181	-2.469569	6925267
研发支出	6.301858	7.9288	-1.626942	3019724
企业投资	-0.0945	-0.2296742	0.1351742	0.035945
企业融资	0.3401715	0.5091649	-0.1689933	0.0526089
劳动力投入	715797.9	535182.6	180615.4	45624.98
常数项	$-1.85×10^7$	$2.15×10^8$	$-2.33×10^8$	-

检验：原假设（H0）：系数差异并非系统性的。

卡方（CHI2）= 14.68

概率值（P）> 卡方（CHI2）=0.0006

图 6-2　hausman 检验表

如图 6-2 所示，p 值为 0.0006，故强烈拒绝原假设，应该选择固定效应模型，而非随机效应模型。我们将固定效应模型设定为：

$$EARN = \alpha_0 + \alpha_1 SUBSIDY_{it} + \alpha_2 INVESTMENT_{it} + \alpha_3 LOAN_{it} + \alpha_4 R\&D_{it}$$
$$+ \alpha_5 QOE_{it} + u_{it} \tag{1}$$

二、变量定义

（一）因变量

中国内地绿色能源上市企业的发展情况作为因变量，笔者用企业的营业收入来作为衡量企业发展情况的标准。为了降低通货膨胀所带来的波动，对企业所有年份的营业收入用 CPI 指数进行了平减处理。

（二）自变量

本节的自变量为政府补贴，用 SUBSIDY 来表示，通过实证分析来证明政府对企业的财政补贴对企业的发展到底是促进作用还是负向作用。在上市公司财务情况下栏的政府补助中包含了四类补贴的种类：技术开发、专利资助等研发类补贴，设备购置、基础设施建设等生产性补贴，人才引进与人才培养类补贴，税收减免等优惠补贴。

（三）控制变量

在上节绿色能源企业成长动力机制中已经说明了，通过财政政策作用于技术研发、企业投资、市场规模、劳动力投入来促进绿色能源企业的发展，即技术研发等四种因素是影响绿色能源企业发展的关键因素，因此，笔者将它们作为本章的控制变量。

张翼等人与辛清泉等人在研究中都采用了现金流量表中的"购建固定资产、无形资产和其他资产所支付的现金"来衡量企业投资，本节借鉴了这个概念和方法。为了用真实值来表示，笔者对这个指标进行了固定资产价格指数平减处理。企业研发支出是企业自身对新技术、新产品的研发所支出的费用，也是企业获得长期发展动力以及拥有竞争优势而进行的投资，该变量用于测量企业自身创新投入是合适的。因此，笔者也用企业研发支出来衡量技术研发，并用 R&D 来表示。企业融资用企业在银行的贷款来衡量，包括长期贷款和短期贷款。劳动力投入用样本企业各年度就业人数来表示。

根据以上阐述，主要变量的定义以及符号均整理在表 6-1 中。

表 6-1　主要变量列表

变量性质	变量名称	变量符号	变量定义
因变量	企业收入	EARN	企业营业收入
自变量	财政补助	SUBSIDY	政府补贴
控制变量	企业投资	INVESTMENT	购建固定资产、无形资产和其他资产所支付的现金
	企业融资	LOAN	企业在银行的长期借款与短期借款
	劳动力投入	QOE	企业就业人数
	研发支出	R&D	企业研发支出

三、数据来源

本章采用了中国 40 家绿色能源上市企业作为样本。数据来自 CSMAR 数据库与 Wind 数据库。

在横截面上选取了拓日新能、新华恒盛、协鑫集成、天顺风能、天龙光电等中国大陆40家企业，且均为国内证券交易所上市的企业。[①]

样本的时间跨度为2007—2017年。在数据的整理过程中我们发现中国绿色能源部分企业在2000年前后开始陆续上市，但是在2007年所有上市公司开始执行新会计准则，为了保证数据前后的延续性，本研究选择2007年为时间基点。

第三节 实证结果分析

一、实证结果

实证模型回归结果如表6-2所示：

（1）财政补贴对企业效益的影响不显著。

（2）企业研发支持对企业效益的影响显著。模型中系数值为0.241，且在1%显著性水平上显著，说明增加1单位的研发支出就会增加0.241单位的企业效益。

（3）企业投资对企业效益的影响显著。系数值为0.29，且在1%显著性水平上显著，说明增加1单位的企业投资会增加0.29单位的企业效益。

（4）劳动力投入对企业效益的影响明显。在模型中劳动力投入在5%显著性水平上显著，对企业效益的影响系数为0.234。

（5）企业融资对企业效益的影响不显著。

表6-2 回归结果

	（1）	（2）
	ols	fe
subsidy	0.0853**	0.0453
	（0.0404）	（0.0325）
loan	0.0814***	0.0503
	（0.0283）	（0.0366）

---

① Wind数据库和Choice数据库中关于绿色能源上市企业数量较少，笔者删除掉数据缺失严重、绿色能源营收所占比例低的企业之外，可用样本企业有40家。

续表

	（1）	（2）
	ols	fe
investment	0.214***	0.290***
	（0.0422）	（0.0463）
rd	0.279***	0.241***
	（0.0375）	（0.0481）
qoe	0.306***	0.234**
	（0.0655）	（0.0940）
_cons	2.850***	3.255***
	（0.278）	（0.320）
N	179	179
R2	0.772	—

括号中的数字为稳健标准误差 *** $p<0.01$，** $p<0.05$，* $p<0.1$

二、结果分析

（一）政府补贴对企业发展的影响不显著

国家已经将绿色能源产业作为战略性新兴产业，即意味着整个产业的企业都能够得到政府的政策补贴以及税收优惠。在补贴政策出台之前，受制于资金、市场需求等各方面的障碍，市场门槛高，企业数量少。在补贴相关政策出台之后，企业发展所需的资金、市场需求等方面的约束开始降低，吸引了越来越多投资者进入了绿色能源行业。到目前为止，政府补贴政策使得绿色能源产业内的企业可以获得足够的利润，促进了企业的发展，但是，将市场作为完全竞争市场考虑时就会出现另外一种情况。在完全竞争市场之下，所有的厂商可以自由出入绿色能源市场。政府在提供补贴的情况下，企业的生产成本降低，如果维持销售价格不变，那么企业会得到较多的利润；随着该产业企业利润的增加，其他企业就会相继进入该行业。当有足够多的企业进入时，整个行业的边际收益与边际成本会持平，则对于行业内的所有企业来讲都将达到一个平衡点，利润为零。补贴后的平衡点与之前相比，产品的价格下降了，产品的总产量却大幅度上升了，如果市场总需求没有发生变化或者变化幅度小于产品产量的变化幅度，那么就出现了产品积压的现象。因此，随着政府补贴的持续进行，会导致产品价格的下降，挤占企业的利润空间。另外政府对绿色能源产业生产环节给予不当补贴，包括税收优惠、土地补贴、财政支持等，造成了资源的浪费和产能的过剩。此外，财政补贴是政府的一个政策导向，激发绿色能源的发展，但财政补贴的金额是有限的，这也说明企业要提高效益，不能仅仅依靠财政的部分补贴，而要通过多种手段来促进效益的提高。

（二）企业投资促进了企业的发展

丰厚的市场回报与政府的产业扶持，引导了大量资金进入绿色能源产业。在绿色能源发展的初期，绿色能源产业的资金报酬率较高，这使得其他行业的厂商开始进入绿色能源行业并进行投资与经营，此时，充足的企业投资对绿色能源企业的发展提供了强大的推动力，能够促进企业根据市场需求扩大规模，提高自身的生产能力。由于绿色能源行业投资回报速度快，市场厂商少等原因，国内对绿色能源产业的投资迅速增加。但是，投资的快速增长也加剧了产能过剩，随着新的企业不断加入该产业，导致竞争加剧，价格下跌，利润减少，另外政府的扶持政策也主要集中在生产环节，因此，大量的固定资产投资导致了重复建设以及生产过剩的现象。在企业层面，由于信息不对称的存在，企业缺乏对整体信息掌控的优势和相关产业的发展经验而低估了目前对绿色能源产业的投资数额，这样会导致企业采取更加激进的投资策略，从而造成了结构性产能过剩现象出现。除了正常投资行为之外，市场上还存在着投机投资、跟风投资等不理性投资行为，进一步加剧了产能过剩的程度。

（三）企业研发支出促进了企业的发展

在之前的研究中，有学者得出企业研发支出对企业发展的影响作用不明显的结论，本研究的结论显然与之不同。笔者对比了所选择样本的时间跨度，发现之前学者在做计量分析时所选样本都是在 2012 年之前的统计数据，这有可能是导致结果出现差异的原因。为了探究是不是这个原因造成的影响，笔者在选择的 29 个样本中提取出了 4 个数据较为全面的样本（有些企业缺少在 2010 年之前的专利数据）。如表 6-3 所示，四个企业在 2012 年专利数量的增长速度都比较缓慢，而在 2012 年之后，增长速度明显加快。另外从样本企业各年研发投入占营业额的比例来看，在 2012 年及之前，大部分企业的大部分年份都在 5% 以下，更多的是集中在 3% 左右，但是到了 2012 年之后，研发投入所占营业额的比例有了大幅度的提高，多数企业都可以达到了 5% 以上。

上面的分析符合研发投入具有滞后效应的特点。研发技术完成后并不能立即产出技术产品并转换为经济收益，即将研发技术消化吸收然后再转变为经济效益需要一定的时间。但中国绿色能源产业经过十年左右的发展与积累，企业研发支出开始见到成效，研发支出所带来的技术升级开始转变成了经济效益。

表6-3 企业专利获取数量

	金风科技	横店东磁	拓日新能	天龙光电
2007	25	44	—	—
2008	38	—	4	—
2009	64	96	—	10
2010	115	—	25	16
2011	—	—	—	21
2012	—	250	—	28
2013	—	258	54	—
2014	241	307	87	42
2015	551	344	132	57
2016	936	451	188	—
2017	2669	485	269	59

注：表中的数量皆为截至报告期末累计数量。

（四）劳动力投入对企业营收有促进作用

由企业面板数据模型回归结果可知，劳动力投入对样本企业的营业收入具有正向促进作用，这是因为伴随着中国绿色能源产业也列为国家战略性新兴产业，国内绿色能源企业如雨后春笋纷纷成立，在如此巨大规模的产业发展背景下，充足的劳动力为绿色能源企业的发展打下了坚实的基础。虽然说中国绿色能源产业的劳动力投入为企业的发展提供了人力支持，但是根据目前绿色能源市场的发展现状看，大多数的劳动者都集中在劳动制造环节与行政管理环节，在技术研发环节的研发人员还是相对缺少。这一现象的产生也是因为大多数绿色能源产业都是从事产业链中的制造环节，在新技术的研发与创新方面较为薄弱，从而劳动投入对企业的正向影响的持续性可能较弱。

（五）企业融资对企业营业的影响不显著

企业融资渠道主要有银行贷款、股市融资以及其他融资方式，而战略性新兴产业中的企业因尚未具备在资本市场上市融资的条件，主要是依靠银行贷款来进行融资。绿色能源产业具有资金密集型特征，在向银行进行贷款融资时金额很高，样本中29个企业的融资额大多数都在1个亿以上。

企业融资对企业营业收入的异质性作用体现在两个方面：一是由于高额的

银行贷款使得企业财务费用大幅增加，对企业营业收入与利润有抵消性的影响；二是在市场发展良好时，银行会向企业放出大量的贷款支持绿色能源产业的发展，这也是导致绿色能源产业产能过剩的原因之一，但是当市场形势低迷时，银行又会收紧银根，导致很多中小企业资金链断裂，对企业的营收造成了很大的负面影响。

三、基于实证结果的评价

从实证结果来看，中央与地方政府在绿色能源产业实施的产业政策为企业的发展提供了保障并促进了企业的发展，比如，绿色能源企业的规模不断扩大，在世界范围内产品占有率也不断提高，技术创新也取得了很大的进步。但是，在绿色能源产业快速发展的过程中，产业政策在实践中也不可避免地出现了一些问题。

首先，自2007年以来中国绿色能源产业政策大规模地向光伏发电与风能发电倾斜，这为消化发电设备产品产能过剩起到了促进作用。但是，由于光伏发电与风能发电功率受环境的影响而处于不断变化之中，发电量不太稳定，电网公司经常以此为理由拒绝绿色能源并网接入，即出现了"弃风弃光"现象。在现有的支持政策中，对风电站以及光伏发电站相关利益者的激励不足，使得下游产业链的完善面临较大困难。其次，现有的绿色能源产业政策对产业链的促进发展不均衡，已有政策主要针对产业链中的制造环节，导致制造环节发展速度很快，这直接造成了中国光伏产业与风电产业产能过剩，大部分产品需要国际市场进行消化，因此，产业政策应多向消费需求侧进行倾斜，强化绿色能源产业上中下游产业链的衔接，提高国内市场的消纳能力。最后，绿色能源产业政策的长效机制尚未形成。目前的政策扶持主要是依靠前期的补贴政策，并通过投资项目给予落实。但随着产业的持续发展，项目维修、项目监管等问题开始显现，如果不解决这些问题则政策有效性就会大打折扣。因此，具有长期性与稳定性的产业政策是促进绿色能源产业发展的关键因素。

虽然部分产业政策的执行效果存在着不足之处，总体来说中国绿色能源产业政策的有效性还是较为明显。未来相关政府部门在制定中国绿色能源产业政策时应借鉴国外发达国家的成功经验，再因地制宜地设定执行标准，从而进一步推动中国绿色能源产业未来的发展。

第四节 异质性分析

为了检验在不同经营项目的企业中财政补贴等因素对企业效益的影响差异，本节将样本划分为风能企业和太阳能企业两组样本，分别进行回归分析。回归结果如下表6-4所示：

表6-4 回归结果

	WIND	SUN
subsidy	−0.0414	0.0876[*]
	(0.0326)	(0.0463)
loan	0.0843[*]	0.0320
	(0.0495)	(0.0538)
investment	0.330[***]	0.282[***]
	(0.0731)	(0.0628)
rd	0.130[**]	0.309[***]
	(0.0489)	(0.0808)
qoe	0.273[**]	0.221[**]
	(0.117)	(0.137)
_ cons	4.030[***]	2.656[***]
	(0.436)	(0.440)
N	69	132
R2	0.809	0.709

Standard errors in parentheses [*]$p < 0.1$, [* *]$p < 0.05$, [***]$p < 0.01$

从表6-4可以看出，企业投资、研发支出与劳动力投入三个变量对风能与太阳能企业的影响关系与上节一致，发生变化的是财政补贴与企业融资两个变量。

财政补贴对风能企业影响不显著，而对太阳能企业呈正面影响，且在10%显著性水平上显著。

根据第三章的阐述可得知，2007年中国风能发电量为57.1亿千瓦时，从

2008 年之后中国风能产业进入了快速发展时期，截止到 2017 年，中国风能发电量达到了 3034 亿千瓦时，占所有发电量的比例也从 0.17% 提高到 4.67%。相比之下，太阳能产业就相对滞后。2013 年太阳能光伏产业开始发电，发电量所占比例仅为 0.15%，虽然在过后的几年时间里有了一定的发展，但是直到 2017 年，光伏发电量为 1166 亿千瓦时，仅为风能发电量的三分之一。因此，财政补贴的负面效应还没有影响到太阳能产业或者影响程度不深。此外，很多地方政府从需求侧对绿色能源产业进行了政策支持，即地方上网电价政策。例如山东省在 2010 年出台了《关于进一步完善扶持光伏发电发展政策的通知》，规定了 2010 年光伏投产电价为 1.7 元/千瓦时，2011 年投产的电价为 1.4 元/千瓦时。江苏省同样在国家出台全国统一上网电价政策前出台了电价政策，补贴力度与山东省相当。

企业融资对太阳能企业影响不显著，而对风能企业呈正向影响，且在 10% 显著性水平上显著。

风能产业比太阳能产业发展的时间长，因此风能产业的资本市场发展得更为完善。企业的高质量发展有赖于金融的长期支持，离不开长期较低的融资成本和稳定的融资环境。银行等金融机构为企业提供资金时有两项成本，即固定成本和可变成本。目前太阳能企业的经营规模相对较小，所以单个企业对资金的需求量也不大，这导致银行等金融机构对其提供资金时，每单位资金的固定成本较高，即银行等机构的资金金融行为缺乏规模经济效应，导致缺乏相应的动力。

本章小结

本章运用面板数据模型分析了财政补贴等因素对绿色能源企业的影响。实证结果表明，企业获得的财政补贴对企业效益的促进作用并不明显，企业投资、研发支持与劳动力投入对企业效益呈正向的影响关系。然后通过企业经营类别异质性分析发现，财政补贴对太阳能企业呈正向影响，而对风能企业影响作用不明显；企业融资对风能企业呈正向影响，而对太阳能企业影响作用不明显。

第七章

中国绿色能源产业发展研究

——基于民众层面

当今社会已经进入了高度文明、民主、法治的阶段，政府政策的制定和管理也应该与时俱进，不断创新，在管理模式上应该由"一刀切"向"精准化"进行转变。经济政策的制定也要摒弃由决策群体若干人的讨论来决定，一项政策的实行必然会牵涉整个社会上所有群体的利益，有可能满足了某些群体利益的同时牺牲了另一些群体的利益，因此，政策的制定需要有民意基础，要有广泛的民众调查。政府通过调查要了解不同民众群体对相关问题的看法与建议，不同群体对问题的看法可能差别很大。人们对问题的观点可能对也可能不对，可能部分对部分不对，对与错都没有关系，重要的是政策的制定要了解民意，民意通常也是政策制定的重要依据，只有在尊重民意的基础上制定的政策才更加地具有公信力。

随着经济的深度发展，能源领域的相关问题已经得到越来越多的人的关注，这涉及能源安全、能源价格、环境污染等问题，因此，有关能源政策的制定也是各国政府政策中的一个重点领域。在电力产业中，民众对电力价格的波动、对电力供应的稳定、对发电所带来的环境污染、对绿色能源的支持度都是政府制定电力政策时的重要依据。电力政策的制定不仅仅关系到企业、国民经济的发展，也关系到千千万万老百姓的切身利益。因此，作为政策制定者也要了解各个群体的想法和诉求。

问卷调查是一种被广泛使用的数据收集方式，因此，笔者参加了导师的国家社会科学基金重点项目，该项目开展了"民众能源问题调查"，笔者参加了问卷设计和调查工作。国内一些学者也在某些省份已经进行了有关民众能源意向的调查研究，但是在全国范围内相关问题的研究尚属空白，从这个角度出发，我们进行了一次全国性比较系统的民众能源意向的调查。

第一节 调查问卷设计、内容及框架

问卷调查从 2016 年 6 月开始进行，到年底完成了调查工作，之后在 2017 年中期完成了对问卷的统计整理工作。本次调查的对象为普通民众，调查的范围涉及四川、重庆、云南、河南、山东、广东、安徽、广西、浙江、辽宁、陕西、北京、海南 13 个省市，但是被调查对象与被调查时所在的地点并不是完全吻合，因此，被调查对象所涉及的省份要多于 13 个省市。

具体调查的途径主要有两个：一是建立网上调查问卷调查系统（比如问卷星）以及微信链接等方式；二是采用纸质问卷面对面调查。调查过程的前期是两种调查方式并行，但是因为网络途径进行调查的效果并不理想，回收的有效问卷份数很低，因此在后面的调查过程中是以纸质问卷面对面调查的方式为主。

问卷问题的设计总体分为两个部分：

A 部分为调查对象基本情况，包括年龄、性别、民族、学历、收入等共 13 项。

B 部分为调查的具体问题，总共分为五组，即对能源问题的关系程度、对能源知识的了解程度、对能源问题的看法、对居民用电问题的反应、对核能的态度。通过这些问题的设计来了解民众对能源知识的了解程度以及民众对能源政策的态度倾向。

表 7-1 问卷内容

	内容	问卷数量
1	对能源问题的关心程度	3
2	对能源知识的了解程度	7
3	对能源问题的看法	9
4	对居民用电问题的反应	24
5	对核能的态度	5

第二节 调查问卷基本问题数据整理与分析

（一）人口、民族等

从表 7-2 中可以看出，参加问卷调查的男性占有 38.25%，女性占 61.75%，在受访群体中女性所占比例比男性要高。参与问卷调查的年龄分布为：18—20岁的2149人，占比32.53%；20—30岁的3123人，占比47.27%；30—40岁的673人，占比10.19%；40—50岁的428人，占比6.48%；50—60岁的153人，占比2.32%；60岁以上等81人，占比1.22%。其中20—30岁的人数最多，占比接近半数，其次为18—20岁的人群，二者加起来所占比例可以达到79.80%，这一群体是未来社会各行各业发展的中坚力量，他们的意愿在社会经济发展中会有很大的影响力。参与问卷调查92.70%的受访者为汉族，少数民族占比7.30%。参与问卷调查等户口分布为非农业户口占比59%，农业户口占比39%。受访者居住地在农村与乡村的人数为2263人，占比36%，居住在县城、地级市以及省城或直辖市的人数为4023，占比64%。参与问卷调查所在地中四川有2553人，所占比例为43.24%。①

表7-2 人口、民族等

组别		有效样本数	总共有效份数	所占比例（%）
性别	男	2456	6421	38.25
	女	3965		61.75
民族	汉	6220	6710	92.70
	其他	490		7.30
年龄	18—20	2149	6607	32.53
	20—30	3123		47.27
	30—40	673		10.19
	40—50	428		6.48
	50—60	153		2.32
	60—70	59		0.89
	70以上	22		0.33
户口性质	农业	2500	6411	39.00
	非农业	3783		59.00
	其他	128		2.00

---

① 因为课题组所在地为四川省成都市，在四川调查较为便捷，因此四川的受访者较多。

续表

组别		有效样本数	总共有效份数	所占比例（%）
居住地类别	农村	1634		26.00
	乡村集镇	629		10.00
	县城	1069	6286	17.00
	县级市	503		8.00
	地级市	1320		21.00
	省城或直辖市	1131		18.00
省份	四川	2553		43.24
	重庆	681		11.53
	河南	551		9.33
	广西	350		5.94
	云南	292		4.95
	安徽	240	5904	4.07
	辽宁	114		1.94
	陕西	104		1.76
	山东	90		1.52
	浙江	173		2.93
	其他①	756		12.80

（二）家庭状况与教育水平等

如表7-3所示，参与问卷调查家庭人口分布中家庭成员为3人的数量最多，比例达到了40.34%，其次是"四口之家"，人数为1876，占比29%，再次是"五口之家"，人数为1078，占比16.66%。问卷中将家庭收入分为了1万元以下、1万元~2万元、2万元~5万元、5万元~10万元、10万元~20万元、20万元~30万元、30万元~50万元、50万元~100万元、100万元~200万元、200万元~500万元及500万元以上共计11个层次，其中家庭收入在5万元~10万元的人数最多，比例达到了25.21%。在对受访者学历的调查一栏中，拥有本科学历的人数为4273人，占比64.53%，研究生及以上学历人数为860人，占比为

---

① 其他地区包括：西藏、新疆、海南、北京、福建、甘肃、广东、贵州、河北、黑龙江、天津、湖北、湖南、辽宁、内蒙古、宁夏、吉林、江苏、江西、青海、陕西、山西、上海。

12.99%。综合来看，受访者本科及以上学历人数为 5133 人，比例高达 77.52%。

表 7-3 家庭状况与教育水平

组别		有效样本数	总共有效份数	所占比例（%）
家庭人数	2	270	6470	4.17
	3	2610		40.34
	4	1876		29.00
	5	1078		16.66
	6	448		6.92
	7 及以上	188		2.91
家庭收入	1 万以下	643	6322	10.17
	1 万元~2 万元	735		11.63
	2 万元~5 万元	1275		20.17
	5 万元~10 万元	1594		25.21
	10 万元~20 万元	1220		19.30
	20 万元~30 万元	487		7.70
	30 万元~50 万元	214		3.39
	50 万元~100 万元	77		1.22
	100 万元~200 万元	32		0.51
	200 万元~500 万元	11		0.17
	500 万元以上	34		0.53
最后学历	未受过正式教育	36	6622	0.54
	小学	87		1.31
	初中	174		2.63
	高中	434		6.55
	职高/技校	82		1.24
	中专	96		1.45
	大专	474		7.16
	本科	4273		64.53
	研究生及以上	860		12.99
	其他	106		1.60

续表

组别		有效样本数	总共有效份数	所占比例（%）
所学专业	经济学	2282	6550	34.84
	管理学	1901		29.02
	其他社会科学	292		4.46
	理科	365		5.57
	工科	670		10.23
	医科	67		1.02
	农学	49		0.75
	其他	924		14.11

第三节　问卷调查结果分析

一、基本情况

基本情况共 13 项，结果如下：

1. 男女比例

参加问卷调查的男性占 38.25%，女性占 61.75%。

图7-1　男女比例

2. 年龄分布

参与问卷调查的年龄分布为：18-20 岁的 2149 人，占 32.53%；20-30 岁的 3123 人，占 47.27%；30-40 岁的 673 人，占 10.19%；40-50 岁的 428 人，占 6.48%；50-60 岁的 153 人，占 2.32%；60-70 岁的 59 人，占 0.89%；70 岁以上的 22 人，占 0.33%。其中，20-30 岁的人数最多，接近半数，18-20 岁的年轻人数也较多，占 32.53%，二者之和为 79.80%。

参与调查者年龄分布图

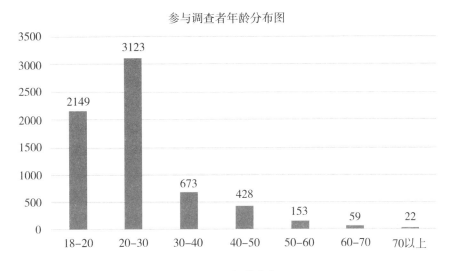

图 7-2　年龄分布

3. 民族

参与问卷调查的民族分布为：汉族占 92.70%，少数民族占 7.30%。

参与调查的民族比例

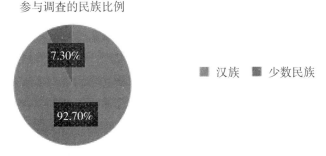

图 7-3　民族比例

4. 户口性质

参与问卷调查的户口分布为：非农业户口占 59%，农业户口占 39%，其他占 2%。

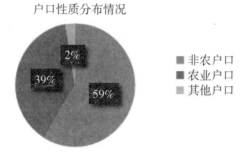

户口性质分布情况

■ 非农户口
■ 农业户口
■ 其他户口

图 7-4 户口性质分布

5. 省市分布

参与问卷调查的省市分布为，四川 2553 人，占 49.59%，重庆 681 人，占 13.23%；河南 551 人，占 10.70%；广西 350 人，占 6.80%；云南 292 人，占 5.67%；安徽 240 人，占 4.66%；浙江 173 人，占 3.36%；辽宁 114 人，占 2.21%；陕西 104 人，占 2.02%；山东 90 人，占 1.75%；其他各省市均有分布，但人数不足 1%。

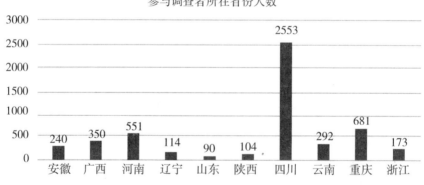

参与调查者所在省份人数

图 7-5 省市分布

6. 居住地类别

参与问卷调查的居住地分布为：农村 26%、乡村集镇 10%、县城 17%、县级市 8%、地级市 21%、省城或直辖市 18%。

居住地分布

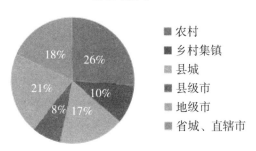

图7-6 居住地分布图

7. 家庭人数

参与问卷调查的家庭人口分布为：家庭人口为 3 人的 2610 人，数量最多，占 40.34%；4 人的 1876 人，占 29%；5 人的 1078 人，占 16.66%；6 人的 448 人，占 6.92%；2 人的 270 人，占 4.17%；7 人的 122 人，占 1.89%；其他均不到 1%。家庭人口规模为 3、4、5 的最多，达到 5564 人，占 86%。

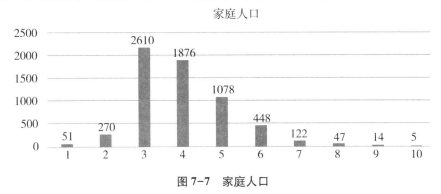

图7-7 家庭人口

8. 家庭收入

参与问卷调查的家庭收入分布为：1 万元以下的 643 人，占 10.17%；1 万元~2 万元的 735 人，占 11.63%；2 万元~5 万元的 1275 人，占 20.17%；5 万元~10 万元的 1594 人，人数最多，占 25.21%；10 万元~20 万元的 1220 人，占 18.18%；20 万元~30 万元的 487 人，占 7.7%；30 万元~50 万元的 214 人，占 3.39%；50 万元~100 万元的 77 人，占 1.22%；100 万元~200 万元的 32 人，占 0.51%；200 万元~500 万元的 11 人，占 0.17%；500 万元以上的 34 人，占 0.53%。

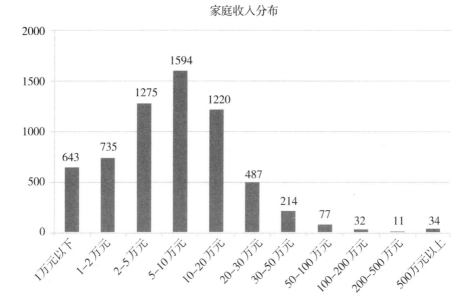

图 7-8　家庭收入分布

9. 家庭收入档次

参与问卷调查的家庭收入档次（被调查者自己的主观判断）：上层 39 人，占 0.59%；中上层 254 人，占 3.86%；中层 2457 人，占 37.36%；中下层 2686 人，占 40.84%；下层 1141 人，占 17.35%。

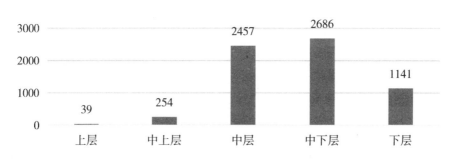

图 7-9　家庭收入档次

10. 最后学历

参与问卷调查的最后学历分布为：未受过正式教育的 36 人，占 0.54%；小学 87 人，占 1.31%；初中 174 人，占 2.63%；高中 434 人，占 6.55%；职高/技校 82 人，占 1.24%；中专 96 人，占 1.45%；大专 474 人，占 7.16%；本科 4273 人，占 64.53%；研究生及以上 860 人，占 12.99%；其他 106 人，占 1.60%。

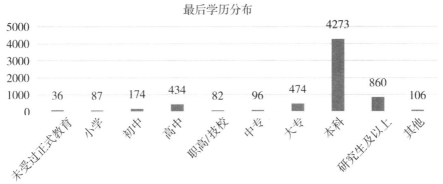

图 7-10　最后学历分布

11. 所学的专业

参与问卷调查的所学专业分布为：经济学 2282 人，占 34.84%；管理学 1901 人，占 29.02%；其他社会科学 292 人，占 4.46%；理科 365 人，占 5.57%；工科 670 人，占 10.23%；医学 67 人，占 1.02%；农学 49 人，0.75%；其他 924 人，占 14.11%。

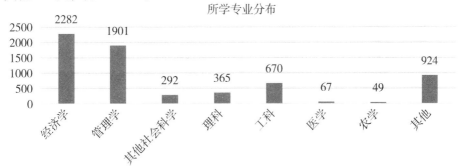

图 7-11　专业分布

12. 职业状况

参与问卷调查的职业状况分布为：在职占 29%、学生占 69%、退休占 2%。其中学生主要是高校学生。这一群体在毕业后将是各行各业的骨干力量，对经济与社会的发展将会产生重要推动作用。

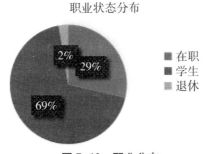

图 7-12　职业分布

13. 从事最长的职业

从事最长的职业的分布为：无业（主要是在校学生）2097 人，占 42.24%；专业技术人员 544 人，占 10.96%；销售及服务业人员 340 人，占 6.85%；一般办事员 336 人，占 6.77%；企业、事业单位中高层管理人员 322 人，占 6.49%；机关干部（正科及以下）312 人，占 6.28%；一般技术员 253 人，占 5.10%；农民 161 人，占 3.24%；产业工人 145 人，占 2.92%；个体户 112 人，占 2.26%；大学教师 79 人，占 1.59%；私营企业主 69 人，占 1.39%；新闻、文艺、体育工作者 68 人，占 1.37%；中小学及幼儿园教师 59 人，占 0.40%；机关干部（副处及以上）48 人，占 0.97%；军人 20 人，占 0.40%。

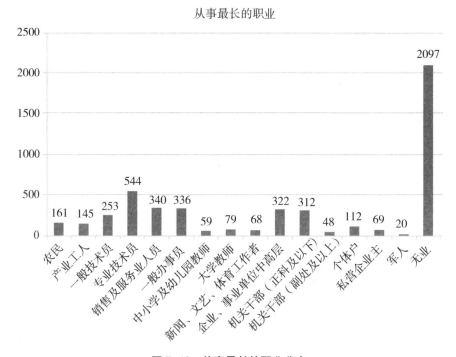

图 7-13　从事最长的职业分布

二、调查问题

调查问题共计 48 个，调查结果如下：

14. 你关心能源问题吗？

参与问卷调查的分布为：关心的占 32%，有点关心的占 42%，二者之和为 74%；不关心的占 4%，不太关心的占 22%，二者之和为 26%。说明大多数受访者对能源问题有不同程度的关心。

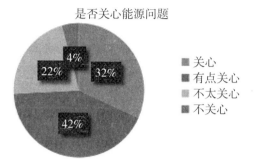

图 7-14　关心能源程度

15. 你学的专业或从事的工作是否与能源相关？

参与问卷调查的分布为：和能源有关的占 17%，无关的占 83%。

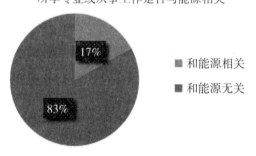

图 7-15　专业与工作是否与能源相关

16. 所学专业或从事工作是否与煤炭相关？

参与问卷调查的分布为：与煤炭有关的占 6%，无关的占 94%。

图 7-16　专业与工作是否与煤炭相关

17. 中国使用最多的能源是什么？

参与问卷调查的分布为：选择煤炭的为 55%，选择其他能源品种和不了解的占 45%。说明回答正确的占 55%，虽然超过了半数，但这一比例并不高，特别是在受访者群体中知识群体占据 75% 以上中尚有相当部分人对该问题不了解。

中国使用最多的能源

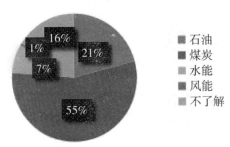

石油
煤炭
水能
风能
不了解

图 7-17　中国使用能源比例

18. 煤炭是什么资源？

参与问卷调查的分布为：选择不可再生资源的占 87%，选择可再生资源和不清楚的占 13%。该问题的正确率为 87%，相对较高。

煤炭是什么类型的资源

可再生能源
不可再生能源
不清楚

图 7-18　煤炭所属能源种类

19. 煤炭的使用会产生污染吗？

参与问卷调查的分布为：选择会产生污染的占 93%，选择不会产生污染的和不清楚的占 7%。该问题的正确率很高，说明公众对煤炭所产生的污染普遍了解。

煤炭的使用会不会产生污染

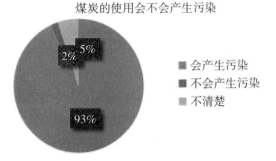

会产生污染
不会产生污染
不清楚

图 7-19　煤炭是否产生污染

20. 煤炭和石油的使用会增加大气中的二氧化碳吗？

参与问卷调查的分布为：选择会增加大气中的二氧化碳的占 92%，选择不会或不清楚的占8%。该问题的正确率也很高。

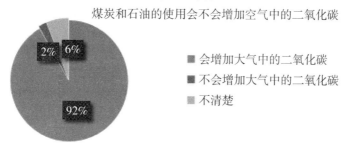

图7-20　煤炭与石油是否会增加二氧化碳

21. 中国目前煤炭的供求状况是

参与问卷调查的分布为：选择产能过剩的（正确答案）占34%，其他选项的占66%，说明大多数受访者对这一形势不太了解。

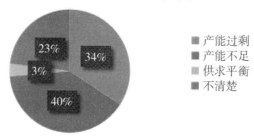

图7-21　中国煤炭供求状况

22. 中国煤炭和石油的进出口情况

参与问卷调查的分布为：选择大量进口（正确答案）的占47%，选择大量出口的占10%，选择进出口平衡的占7%，36%的人不清楚。回答正确的占比最高，但未过半数。

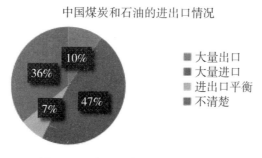

图7-22　中国煤炭与石油进出口情况

23. 全国发电量中占比最大的能源

参与问卷调查的分布为：选择火电（正确答案）的占46%，其他选项的54%（其中不清楚的16%）。回答正确的虽然占比最高，但未过半数。

全国发电量中占比最大的能源

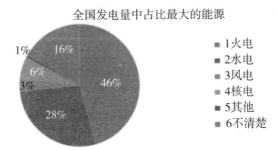

图7-23　中国发电量占比最大的能源

24. 煤炭与你的生活有多大关系？

参与问卷调查的分布为：选择关系极大的占27%，选择有点关系的占42%，二者之和占69%；选择没什么关系的占22%，不清楚的占9%。说明大部分受访者了解煤炭与自身生活的相关性（达到69%）。

煤炭与生活是否有关系

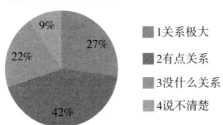

图7-24　煤炭与生活是否有关系

25. 你认为中国是否存在能源安全问题？

参与问卷调查的分布为：选择存在的占84%，选择不存在的占4%，不清楚的占12%，说明大多数受访者对能源安全问题有忧患意识。

中国是否存在能源安全问题

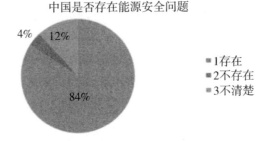

图7-25　中国是否存在能源安全问题

26. 未来中国能源供给形势的看法

参与问卷调查的分布为：选择乐观的占8%，选择悲观的占18%，选择有挑战但还能应对的占64%，不清楚的占10%，对此问题选择乐观和可应对的比例高达72%，说明了多数受访者对国家能源供应有信心并且具有忧患意识。

对未来中国能源供给形势的看法

图7-26 对中国能源供给形势的看法

27. 你对目前能源供应情况感到满意吗？

参与问卷调查的分布为：选择满意的占8%，选择比较满意的占31%，二者之和为39%；选择不满意的占5%，选择不太满意的占21%，二者之和为26%；不清楚的占35%。说明受访者对能源供应情况的满意度偏低。

对目前能源供应情况满意程度

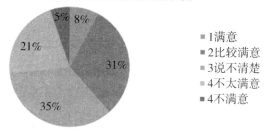

图7-27 对目前能源供应的满意程度

28. 你认为国家是否还应加大对能源领域的投资？

参与问卷调查的分布为：选择需要的占76%，选择不需要的占7%，不清楚的占17%，说明受访者大多数对能源问题关心，支持国家加大对能源领域的投资。

国家是否还需要加大对能源领域的投资

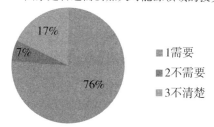

图7-28 中国是否加大对能源领域的投资

29. 你认为中国应大力发展哪种能源？

参与问卷调查的分布为：选择可再生能源的4916人，占74.35%；选择核能的697人，占10.54%；选择天然气的726人，占10.98%；选择石油的162人，占2.45%；选择煤炭的111人，占1.68%。这说明绝大多数人支持可再生能源的发展，但仍有10%以上的支持大力发展核能。

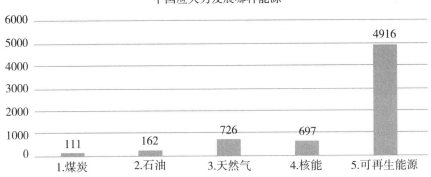

图7-29 中国应大力发展哪种能源

30. 你关心气候变化和环境问题吗？

参与问卷调查的分布为：选择关心的占60%，选择有点关心的占31%，二者之和为91%；选择不关心和不太关心的分别占2%和7%，二者之和为9%。这说明绝大多数人关心或有点关心气候变化和环境问题。

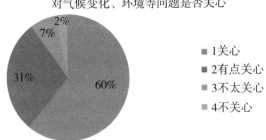

图7-30 关心气候与环境问题的程度

31. 如果关心，你认为解决气候变化及环境问题是谁的责任？

参与问卷调查的分布为：选择人人有责的占80%，选择政府的占14%，选择企业的占5%，其他的占1%。选择人人有责的占据绝大多数，说明受访者的回答较为理性。

气候变化及环境问题是谁的责任

图 7-31　解决环境及气候问题是谁的责任

32. 你认为解决气候变化及环境问题最有效的途径是什么？

参与问卷调查的分布为：选择税收的 840 人，占 12.56%；选择碳/污染物交易机制的 2374 人，占 35.49%；选择行政管理的 2068 人，占 30.92%；选择其他的 667 人，占 9.97%；不清楚的 740 人，占 11.06%。选择碳/污染物交易机制的人数最多，占比最高，说明相当多的人对这一领域有一定的知识。

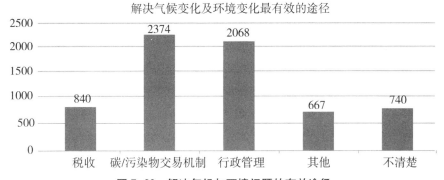

图 7-32　解决气候与环境问题的有效途径

33. 你是否关心电价？

参与问卷调查的分布为：选择关心的占 44%，选择有点关心的占 31%，二者之和为 75%；选择不关心或不太关心的分别占 4% 和 21%，二者之和为 25%。这说明大多数人关心或有点关心电价。

是否关心电价

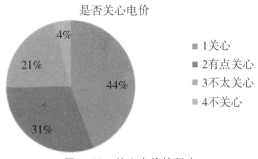

图 7-33　关心电价的程度

34. 你认为目前的电价是否合理？

参与问卷调查的分布为：选择电价过高的占40%，选择电价偏低的占5%，选择很合适的占22%，说不清楚的占33%。虽然有相当部分的人认为电价过高，但并未超过半数。

目前电价是否合理

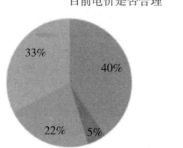

图7-34　电价是否合理

35. 你觉得每月的电费对你生活产生了负担吗？

参与问卷调查的分布为：选择产生很大负担的占8%，选择有点负担的占28%，二者之和为36%；选择能承受得起的占47%，选择没有负担的占17%，二者之和为64%。这说明大多数人能够承受当前的电价，但对于收入偏低的群体来说，电价仍有负担。

每月电费是否产生负担

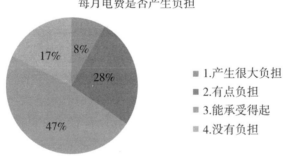

图7-35　每月电费是否产生负担

36. 你觉得未来电价还会上涨吗？

参与问卷调查的分布为：选择一定会上涨的占47%，选择不会上涨的占12%，选择下降的占5%，说不清楚的占36%。对电价抱有上涨预期的比例还是很高，这也与对能源有忧患意识群体密切相关。

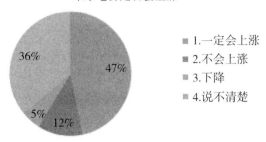

图7-36　未来电价是否上涨

37. 你是否担忧电价会上涨？

参与问卷调查的分布为：选择很担忧和有点担忧的分别占20%和55%，二者之和为75%，对该问题的忧患比例高于上题；选择没担忧的占25%。

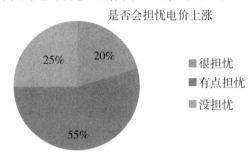

图7-37　是否担忧电价上涨

38. 实际上从长期来看，能源供给会出现紧张，那么未来电价上涨你能否接受？

参与问卷调查的分布为：选择能接受的占42%，选择不能接受的占32%（这与第35题电价负担比例相近，问卷具有连贯性和逻辑性），说不清楚的占26%。

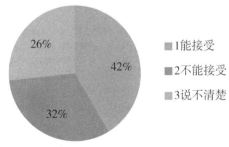

图7-38　是否接受电价上涨

39. 你的电费平均每月大约是多少？

参与问卷调查的分布为：选择 20 元以下的占 17%，20~50 元的占 24%，50~100 元的占 24%，100~200 元的占 15%，200 元以上的占 5%，不清楚的占 15%。

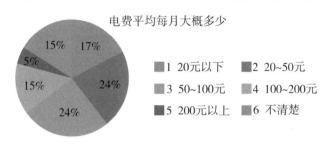

图 7-39　每月平均电费

40. 你对居民用电的计价方式了解吗？

参与问卷调查的分布为：选择很了解的占 4%，选择了解，但不多的占 61%，选择不了解的占 35%。数据大体合理。

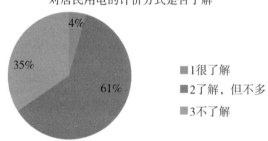

图 7-41　对居民用电计价方式的了解程度

41. 以下居民用电计价方式中，你更倾向于哪种？

参与问卷调查的分布为：选择"一刀切"电价的占 5%，选择累进式阶梯电价的占 50%，选择峰谷电价的占 13%，选择实时电价的占 15%，不清楚的占 17%。

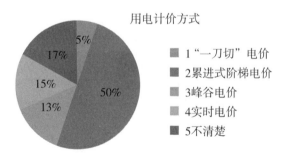

图 7-41　用电计价的类型

42. 你对自己每月的用电量是否有大致的了解？

参与问卷调查的分布为：选择是的 3008 人，占 45.49%；选择否的 3605 人，占 54.51%，这一比例是合理的。

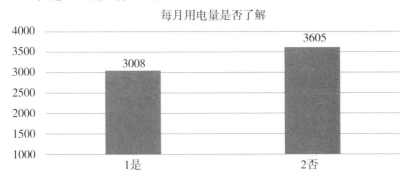

图 7-42　是否了解每月用电量

43. 如果电价在现有基础上提高，你会刻意控制用电量吗？

参与问卷调查的分布为：选择会的占 67%，选择不会的占 33%，说明大多数人对电费很重视，在电价上涨时会刻意控制用电量。

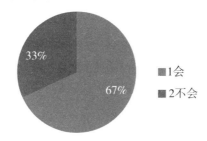

图 7-43　电价提高是否影响用电量

44. 你知道智能电表吗？

参与问卷调查的分布为：选择知道和不知道的各占 50%。

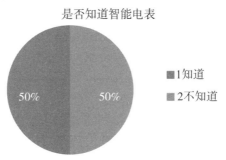

图 7-44　是否知道智能电表

45. 如果每天的不同时段里居民用电的单价不一样，你会因电价的不同调整用电时间吗？

参与问卷调查的分布为：选择会的占59%，选择不会的占41%，与问题43相近。

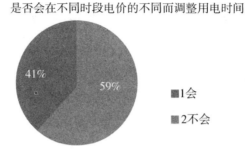

是否会在不同时段电价的不同而调整用电时间

图7-45　是否会因时段电价的不同调整用电时间

46. 在价格偏低的普通家电和价格偏高的节能家电之间，你更倾向于哪种？

参与问卷调查的分布为：选择节能家电的占79%，选择普通家电的占10%，不清楚的占11%，说明大多数人有节能意识，对节能家电感兴趣。

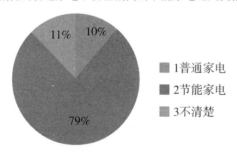

在价格偏低的普通家电和价格偏高的节能家电之间更倾向于哪种？

图7-46　普通家电与节能家电的倾向

47. 影响你对上题做出选择的主要因素是哪个？

参与问卷调查的分布为：选择该种家电的用电量的占47%，选择两种家电之间的价格差的占18%，选择家电本身的贵重程度的占13%，选择电价高度的占7%，选择其他的占6%，不清楚的占9%。结果说明，受访者对用电量较为重视。

影响在价格偏低的普通家电和价格偏高的节能家电之间做出选择的因素

■ 1.两种家电之间的价格差
■ 2.该种家电的用电量
■ 3.家电本身的贵重程度
■ 4.电价高度
■ 5.其他
■ 6.不清楚

图 7-47　做出上述选择的原因

48. 在大件家用电器中，你会考虑将现有的普通家电换成智能型节能家电吗？

参与问卷调查的分布为：选择会的占 71%，选择不会的占 29%。

是否会考虑将普通家电换成节能家电

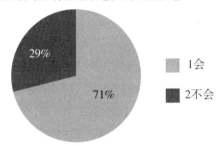

■ 1会
■ 2不会

图 7-48　是否考虑使用节能家电

49. 影响你对上题做出选择的主要因素是什么？

参与问卷调查的分布为：选择现有家电自然寿命及已经使用的时间占 29%，选择该种家电的价格的占 13%，选择该种家电的耗电量的占 23%，选择政府对节能电器的补贴力度的占 5%，选择自己的收入水平的占 24%，选择其他的占 6%。

影响将普通家电换成节能家电的主要因素

■ 1现有家电自然寿命及已经使用的时间
■ 2该种家电的价格
■ 3该种家电的耗电量
□ 4政府对节能电器的补贴力度
■ 5自己的收入水平
■ 6其他

图 7-49　选择节能家电的原因

50. 如果可以选择售电商，在供电质量都有保证的前提下，你更倾向于选择以下哪种？

参与问卷调查的分布为：选择电网公司的 2878 人，占 43.83%；选择发电公司的 1371 人，占 20.88%；选择其他零售商的 611 人，占 9.30%；不确定的 1707 人，占 25.99%。

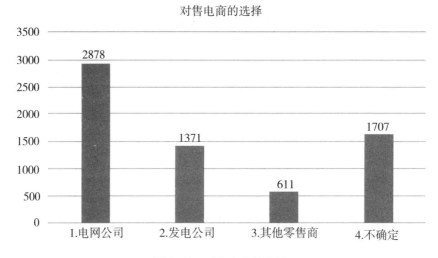

图 7-50　对售电商的选择

51. 如果可以选择售电商，在供电质量有所区别的前提下，你更倾向于选择以下哪种？

参与问卷调查的分布为：选择价格偏高但供电稳定的大公司的占 70%，选择价格偏低但供电相对不稳定的小公司的占 9%，不确定的占 21%，说明多数受访者在选择供电公司时更倾向于电力的稳定性。

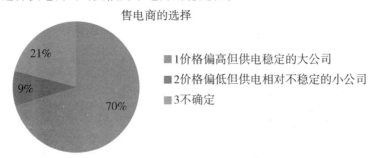

图 7-51　售电商的选择

52. 你听说过分布式发电吗？

参与问卷调查的分布为：选择听说过的占 17%，选择没听说过的占 83%。这一数据是合理的，但也表明还应向公众普及分布式发电的知识。

分布式发电

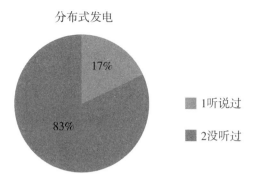

图 7-53 对分布式发电是否了解

53. 你支持可再生能源的发展吗?

参与问卷调查的分布为: 选择支持的占 95%, 选择不支持的占 5%, 说明绝大多数支持可再生能源的发展。

是否支持可再生能源发展

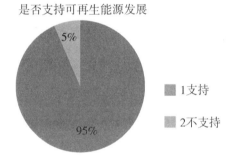

图 7-53 是否支持可再生能源

54. 如果支持, 你会为可再生能源发的电支付一个更高的单价吗?

参与问卷调查的分布为: 选择会的占 59%, 选择不会的占 41%, 说明大多数人愿意为可再生能源的发展做出一些贡献。

愿意为可再生能源支持一个更高的电价

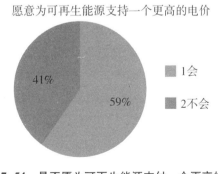

图 7-54 是否愿为可再生能源支付一个更高的电价

55. 如果会，跟煤炭发的电相比，你愿意为每度可再生能源发的电多支付多少钱？

参与问卷调查的分布为：选择 1 分以下的 1219 人，占 19.65%；选择 1~5 分的 3028 人，占 48.80%；选择 5~10 分的 1423 人，占 22.93%；选择 10 分以上的 535 人，占 8.62%。选择 1~5 的人最多，占 45% 以上。本问题可作为可再生能源电价调整的依据。

愿意为可再生能源发的每度电多支付多少钱

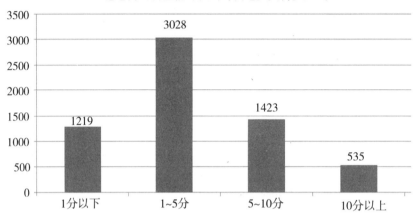

图 7-55　愿为可再生能源多支付多少钱

56. 影响你做出以上选择的因素主要包括哪三项？

该问题是多项选择。参与问卷调查的分布为：选择对环境的关心的人数最多，为 5450 人次；选择家庭收入水平的 4908 人次；选择单位电价的 2548 人次；选择社会责任感的 2445 人次；选择邻居/朋友的影响的 496 人次；选择其他的 191 人次。说明人们的环境意识较强。

愿为可再生能源发的电多支付电费的影响因素

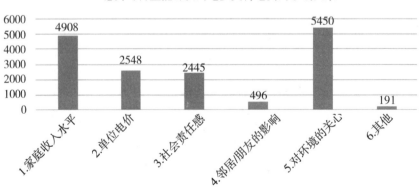

图 7-56　做出上述选择的影响因素

57. 你担心核能的安全吗?

参与问卷调查的分布为:选择非常担心的占13%,选择有点担心的占31%,二者之和为44%;选择不担心的占53%,不清楚的占3%。超过半数的人对国家的核能的安全性放心。

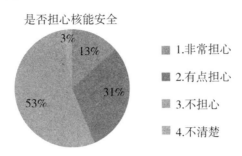

图7-57 是否担心核能安全

58. 在当前情况下,中国还需要发展核能吗?

参与问卷调查的分布为:选择需要大力发展的占16%,选择适当发展的占65%,二者之和为81%;选择需要严格限制的占9%,选择不能发展的占1%,不清楚的占9%。这说明大多数人对核能发展的支持。

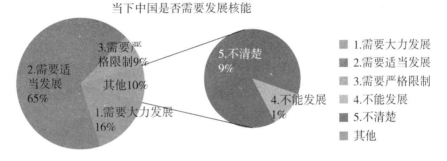

图7-58 中国是否需要发展核能

59. 如果你反对核能,你的理由是:

参与问卷调查的分布为:选择核泄漏的3715人,占54.80%;选择核废料处理难的1802人,占26.58%;选择核能耗水量太大的782人,占11.54%;选择建核电厂太贵的182人,占2.68%;选择其他的298人,占4.40%。以上结果说明受访者大多数对核能知识的了解。

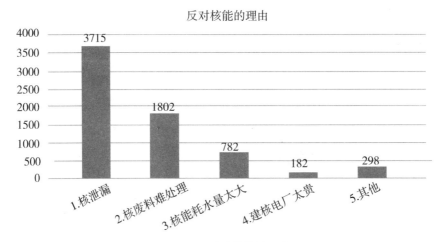

图7-59 反对核能的理由

60. 煤炭和石油的使用要产生大量污染，如粉尘、二氧化碳、二氧化硫等，而核能则没有这些污染，你认为：

参与问卷调查的分布为：选择"宁可产生污染也不能发展核能"的占6%，选择"核能是清洁能源，为了减少污染，保护环境，还是应该发展核能"的占75%，不清楚的占19%。这说明大多数人还是支持核能的发展，在综合考虑环境问题时能够做出理性认识。

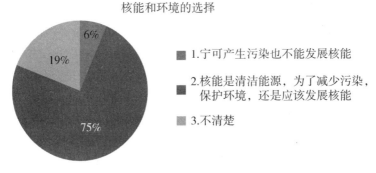

图7-60 核能与环境的选择

61. 如果不发展核能，就会造成电价上涨，那你认为：

参与问卷调查的分布为：选择"宁可电价上涨，也不能发展核能"的8%，选择"考虑到电价上涨给我们带来的负担，还是应发展核能"的占68%，不清楚的占24%。

如何看待不发展核能会造成电价上涨

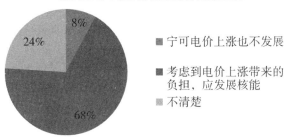

■ 宁可电价上涨也不发展

■ 考虑到电价上涨带来的
负担，应发展核能

不清楚

图 7-61 发展核能与提高电价的选择

第四节 中国民众对可再生能源态度影响因素实证研究

一、提出假设

在第二章第三节文献综述部分，曾对影响民众可再生能源支付意愿相关因素的国内外文献进行了详细地梳理，在此不再赘述。归纳起来大概有以下几个方面：

（一）人口统计学特征

民众的性别、年龄、收入水平可能是影响民众支付意愿的重要因素。因此，我们提出假说1：人口统计学特征中的性别、年龄、收入水平均会影响中国民众对可再生能源的支付意愿，其中男性支付意愿相对较高，年龄与支付意愿呈负相关，收入与支付意愿呈正相关。

（二）知识水平

知识水平包括民众受教育程度与掌握的有关能源的专业知识。我们认为民众受教育程度与掌握的相关专业知识都可能影响民众对可再生能源的支付意愿。基于此，我们提出假说2：民众受教育程度与相关专业知识都是影响民众对绿色能源支付意愿的重要因素，且都是正相关关系。

（三）环保意识

基于众多学者的文献研究，我们认为环保意识可能影响民众对可再生能源的支付意愿。因此，我们提出假说3：环保意识是影响民众对绿色能源支付意愿的重要因素，环保意识越强，支付意愿越大。

二、数据及变量描述

（一）因变量

本研究中因变量为民众对可再生能源的态度和对核能的态度。我们用问卷中"你支持可再生能源的发展吗"与"如果支持，你愿意为可再生能源发的电支付一个更高的单价吗"这两个问题综合来衡量民众可再生能源态度。[①] 根据问题选项，回答"不会"时赋值为 0，回答"会"时赋值为 1。对于民众核能态度，我们用问卷中"你认为中国应大力发展哪种能源"来衡量，其中选择"核能"的赋值为 1；选择其他选项赋值为 0。

（二）自变量

1. 性别变量：男、女。当被访者为女性时赋值为 0，当受访者为男性时赋值为 1。

2. 年龄变量：问卷中此变量得到的数据为具体出生年月，因此在使用 winsor 方法对个别极端值进行处理后，以 2016 年为界线[②]，算出其实际年龄。

3. 受教育程度：根据问卷"您的最后学历"选项，我们将学历折算成受教育年限变量，为受过教育的取值为 0，小学取值为 6，初中取值为 9，高中取值为 12，专科为 14，本科为 16，本科以上为 19。

4. 能源知识：问卷中关于民众的能源基础知识共设计了 7 个问题，根据被访者的回答结果，我们按照每答对一题记 1 分，不回答或者回答错误记 0 分的方式，对 7 道题得分进行加总，并以此对民众的能源知识进行衡量，得分越多表明被访者能源知识越丰富。因此，此变量赋值范围为 0~7。

5. 收入：家庭全年税后总收入。问卷中关于此变量的分类为"1 万元以下""1 万元~2 万元""5 万元~10 万元""10 万元~20 万元""20 万元~30 万元""30 万元~50 万元""50 万元~100 万元""100 万元~200 万元""200 万元~500 万元""500 万元以上"。我们参照世界和国家标准，将收入分为四个层次：5 万元以下为中低收入；5 万元~10 万元为中等收入；10 万元~20 万元为中高等收入；20 万元以上为高等收入。四个收入层次被赋值为 1~4。

6. 环保意识：问卷中有关此变量的问题为"你对气候变化、环境等问题

---

① 问卷问题"你支持可再生能源的发展吗"中回答支持的比例高达 94.6%，这个数据不适合用于计量分析，既然在自变量中收入是个很重要的解释变量，那么我们在此问题的基础上进一步用"如果支持，你愿意为可再生能源发的电支付一个更高的单价吗"问题来定义民众对可再生能源的有效支持。

② 问卷调查工作是从 2016 年开始进行的。

关心吗",我们将选择"不关心"与"不太关心"的认定为对环境问题不关心,赋值为0;选择"有点关心"与"关心"的认定为对环境问题关心,赋值为1。

表7-4　变量定义及说明

变量名称		变量定义及说明
因变量	可再生能源态度	愿为可再生能源发的电支付一个更高的单价赋值为1,否则为0
	核能态度	支持核能的发展赋值为1,否则为0
自变量	收入	5万元以下为低等收入,5万元~10万元为中等收入,10万元~20万元为中高等收入,20万元以上为高等收入,分为赋值为1、2、3、4
	性别	女性赋值为0,男性赋值为1
	年龄	用2016减去出生年月得到实际年龄数据
	受教育程度	学历折算成受教育年限变量,未受过教育的取值为0,小学取值为6,初中取值为9,高中取值为12,专科为14,本科为16,本科以上为19
	能源知识	对7道问题的得分进行加总,赋值范围为0~7
	环保意识	对气候变化、环境等问题关心赋值为1,否则为0

本节所使用的主要变量统计性描述如表7-5所示,从表中可以看到,以变量均值为参照,在总体样本中,有59%的民众愿意为可再生能源支付一个更高的电价,91%的民众不支持核能的发展;平均年龄为27.27岁,最小19岁,最大59岁;受访者中男性占比40%,女性占比60%;家庭收入均值为2.04,即年收入均值在5万元~10万元;相关专业知识均值为4.53,即能源知识测试中平均每个人能够做对4.5个题;受教育层次均值为15.49,即平均受教育程度在专科与本科之间;大部分民众是有环保意识的,具备社会责任感。

表7-5　相关变量描述性统计

变量名称	观测数量	均值	标准差	最小值	最大值
可再生能源态度	6549	0.59	0.49	0	1

变量名称	观测数量	均值	标准差	最小值	最大值
核能态度	5942	0.09	0.29	0	1
年龄	6504	27.27	8.27	19	59
性别	6159	0.40	0.49	0	1
受教育程度	6580	15.49	2.56	0	19
能源基础知识	6498	4.53	1.61	0	7
收入	6323	2.04	1.07	1	4
环保意识	6568	0.91	0.28	0	1

三、中国民众绿色能源态度影响因素分析

（一）单因素方差分析

1. 分析方法

本研究采用方差分析的方法探讨不同因素对核能态度、可再生能源态度的影响。我们采用方差分析是因为它可以对三个或者更多的总体均值进行比较或者检验。由于各种因素的影响，研究所得的数据会出现波动。造成波动的原因可以分为两类，一类是在分析过程中主观添加的可控变量，另一类则是随机扰动项。本节主要讨论的可控因素，有性别、年龄、收入、受教育程度、能源知识、环保意识。

自变量和残差对因变量的共同影响成为总误差 SST，总误差又分为组间误差 SSA 和组内误差 SSE。组间误差，又称为群间误差，指不同自变量取值因变量的差异，显然这既包括随机误差也包括系统误差，反映了自变量对因变量的影响。组内误差，又称为群内误差，只包括随机误差，反映了除自变量的影响以外，其他因素对因变量的影响。

方差分析的原理就是通过比较组内差异和组间差异，将因变量的总误差分解为不同来源，从而判断自变量与因变量之间的关系及关联程度。在方差分析中，原假设为，在自变量的各分类中，因变量的值相等；相反假设为，因变量的值由于自变量类型的不同而有所差别。下面是总误差平方和 SST 的公式，

$$SST = \sum_{i=1}^{k} \sum_{j=1}^{n_i} (x_{ij} - \bar{\bar{x}})^2 \qquad (1)$$

其中 x、i、j 为每组的各个观测值，$\bar{\bar{x}}$ 为总平均值，SST 表示每组的各个观察

值与总平均值的误差平方和，反映全部观察值的离散情况。

$$SSA = \sum_{i=1}^{k} \sum_{j=1}^{n_i} (\bar{x_i} - \bar{\bar{x}})^2 \tag{2}$$

其中 $\bar{x_i}$ 为各种平均值，SSA 表示各组平均值与总平均值的误差和，反映各总体样本均值与总均值之间的差异程度。

$$SSE = \sum_{i=1}^{k} \sum_{j=1}^{n_i} (x_{ij} - \bar{x_i})^2 \tag{3}$$

其中 SSE 为组内样本与该组均值误差的平方和，反映了同一组内不同样本观测值的离散程度。平方和反映的是随机误差的大小，又称为残差平方和。

由于各误差平方和的大小与观测值的多少有关，所以本研究需要消除观测值的多少对误差平方和大小的影响，比较组间均方和组内均方之间的差异。因此，将组间平方和 SSA 和组内平方和 SSE 除以各自的自由度分别得到组间均方MSA 和组内均方 MSE，并在此基础上得到 F 统计量。

$$MSA = \frac{SSA}{k-1} \tag{4}$$

$$MSE = \frac{SSE}{n-k} \tag{5}$$

$$F = \frac{MSA}{MSE} \sim F(k-1, n-k) \tag{6}$$

其中，n 为全部观测值个数，k 为组的个数，计算出检验统计量后，将统计量的 F 值与给定的显著性水平 α 的临界值（F_α）进行比较，从而决定拒绝还是不拒绝原假设。若 $F > F_\alpha$，拒绝原假设，则认为自变量对因变量有显著影响；相反 $F < F_\alpha$，不拒绝原假设，则认为自变量对因变量没有显著影响。

2. 分析结果

通过单因素方差分析，检验因变量是如何因单个自变量的取值不同而有所差异。如表7-6所示，性别、年龄、收入、受教育程度、能源知识及环保意识对民众可再生能源及核能的态度影响均显著。从单因素影响层面验证了假说1中人口学统计特征变量对民众绿色能源的态度是有影响的；验证了假说2中知识水平对民众绿色能源的态度是有影响的；验证了假说3中环保意识对民众绿色能源的态度是有影响的。

单因素分析可以分析出单个自变量对因变量是否具有影响作用，但是具体是正向还是负向影响不可得知。另外，民众对绿色能源的态度是多种因素综合影响的结果，因此需要在单因素方差分析的基础上采用多元回归模型进行实证分析。

表7-6 单因素方差分析结果

	性别	年龄	收入	受教育程度	能源知识	环保意识
可再生能源态度	20.54***	3.56***	13.33***	27.70***	24.67***	158.31***
核能态度	103.20***	1.36***	2.54**	2.13**	10.58***	6.37***

注：***、**、* 分别表示1%、5%、10%的显著性水平。

（二）probit 模型回归分析

由于本节的因变量民众可再生能源态度与核能态度均为0~1二值变量，因此本研究分别使用 Probit 模型对数据进行回归分析，模型设定如下：

$$P(y_i = 1 \mid x_i) = F\left(\beta_0 + \beta_1 w_i + \sum_{k=2}^{k} \beta_i z_{ki}\right) \tag{7}$$

（7）式中，y 代表被解释变量可再生能源态度，X 代表解释变量，w 代表人口统计学特征、能源知识、教育背景、环保意识等变量，z_k 代表其他控制变量，β_0 为常数项系数，β_i 为变量系数。

1. 实证结果

从表7-7可以分析出以下特点：

（1）性别变量对可再生能源态度系数值为-0.11，并且在1%的显著性水平下显著，说明性别变量对可再生能源态度的影响显著。相对来说，男性对可再生能源的支持力度更弱。受访者性别为男性时，对可再生能源支持的概率降低11.3%。而性别变量对核能态度并无显著影响。

（2）年龄对可再生能源、核能态度均呈现了负向的影响，在1%的显著性水平下显著，这说明，年龄越大将使民众对可再生能源与核能的支持力度更弱。

（3）收入变量对可再生能源变量影响的系数值为0.10，并且在1%显著性水平下显著，说明收入的提高可以促进民众对可再生能源的支持；收入变量对可再生能源变量影响的系数值为-0.085，同样在1%显著性水平下显著，这说明了民众收入的提高抑制了对核能的支持。

（4）能源基础知识对于可再生能源、核能态度呈正向影响关系，这说明民众的能源知识储备越丰富，越支持可再生能源与核能的发展。

（5）受教育程度显著影响着民众对可再生能源的态度，民众受教育水平越高，对可再生能源的支持力度越大；受教育程度对核能态度的影响系数为-0.029，并且在1%的显著性水平上显著，不同的是，受教育程度变量对核能态度呈负向影响。

（6）在模型中估计系数分别为 0.53、0.29，且在 5% 显著性水平下显著。这说明，环保意识有助于提高民众对可再生能源与核能的支持度。

表 7-7　可再生能源态度影响因素分析

	renewable	nuclear
性别	-0.1130104***	0.4208907***
	(-3.02)	(8.46)
年龄	-0.0163466***	-0.0073474**
	(-7.01)	(-2.32)
收入	0.1019529***	0.0585878**
	(5.80)	(2.53)
受教育程度	0.0190911**	0.0011475
	(2.33)	(0.11)
能源知识	0.0348469***	0.0601705***
	(2.75)	(3.49)
环保意识	0.5341004***	-0.1150144
	(7.90)	(-1.30)
常数	-0.4163497***	-1.612924***
	(-2.84)	(-8.35)
Obs	5292	5358

注：括号中的数字为 t 统计量 * p < 0.1，** p < 0.05，*** p < 0.01

2. 结果分析

性别因素对于可再生能源态度与核能态度的影响是不同的，对于可再生能源来讲，当样本由女性变为男性时，民众支持的概率是下降的，而对于核能，男性的支持度更高。绿色能源态度的性别差异化主要是由于在风险认知中的不同作用。相对于核能，可再生能源的建设和发展是安全可靠的，而核能的发展会伴随着巨大的危险性，男性比女性抗风险的能力更强。年龄因素对于两种能源的影响结果是一致的，随着民众年龄的上升，民众支持绿色能源的概率是下降的，原因可能是随着年龄的上升，接受新知识和抗风险的能力逐渐减弱。最后，收入因素对于两种能源的影响结果也是一致的，随着收入的提高，民众对可再生能源和核能的支持概率都会上升，原因可能是随着民众收入的增加，其抗风险能力逐渐增强，绿色能源的成本因素对他们的影响较小。这些结论验证了假说1。

知识水平的多少是影响民众对绿色能源态度的重要影响因素。受教育程度与能源知识对可再生能源态度的影响显著，这说明受教育水平和能源知识可以提高民众对可再生能源的支持。但是，受教育程度对核能态度的影响是不显著的，这与已有研究产生不同结论的原因可能是已有研究中用知识储备或受教育程度来代替能源知识，认为知识储备多、受教育程度高的个体能源知识也相对丰富，这种衡量标准存在片面性，受教育程度高的人不一定能够代表拥有丰富的能源知识，因此这个结果也是合理的。以上结论验证了假说2。

是否关心环境也会影响民众对绿色能源的态度。环保意识对可再生能源态度的影响显著，这说明民众为了保护环境愿意发展可再生能源，而环保意识对支持核能并没有明显的促进作用。这个结论在可再生能源方面验证了假说3。

（三）分区域回归分析

本次调查对象的所在地分在了全国各省份，考虑到中国东、中、西部地区之间的经济发展水平悬殊，故按调查对象的户籍所在地将按东、中、西的标准①进行划分，然后从分区域的角度进行回归结果分析。

东部地区：性别、年龄、环保意识三个变量对可再生能源态度的影响均显著，收入、教育与能源知识变量的影响不显著。性别的系数为-0.27，说明当性别为男性时，对可再生能源的支持概率降低27%；年龄系数为-0.01，即在东部地区，年龄越大，对可再生能源的支持概率降低1%；环保意识的系数为0.38，说明环保意识对可再生能源的支持概率增加38%。

性别、收入、能源知识三个变量对核能态度的影响显著，年龄、教育与环保意识的影响不显著。性别的系数为0.54，说明当性别为男性时，对核能的支持概率增加54%；收入的系数为0.14，说明收入能使民众对核能的支持概率提高14%；能源知识的系数为0.03，即能源相关基础知识使民众对核能的支持概

---

① 根据国家统计局2011年的划分标准，东部包括北京、天津、河北、上海、江苏、浙江、山东、福建、广东和海南；中部包括山西、安徽、江西、湖北、湖南、河南；西部包括内蒙古、广西、四川、重庆、贵州、云南、西藏、陕西、甘肃、青海、宁夏和新疆；东北部包括黑龙江、辽宁、吉林。在分析中将东北地区纳入了东部地区。

率提高 3%。

中部地区：年龄、收入与环保意识对可再生能源态度的影响均显著，性别、教育与能源知识的影响并不显著。性别系数为 -0.009，即当性别为男性时，对可再生能源的支持概率降低 0.9%；收入的系数为 0.14，即收入能使民众对可再生能源的支持率提高 14%；环保意识的系数为 0.66，即环保意识使支持可再生能源的概率提高 66%。

性别、收入、能源知识对核能态度的影响显著，年龄、教育与环保意识的影响并不显著。性别的系数为 0.32，即性别为男性时，对核能的支持率提高 32%；收入系数为 0.08，即收入的提高会使对核能的支持率提高 8%；能源知识系数为 0.06，即能源知识使民众对核能的支持概率提高 6%。

西部：性别、年龄等所有变量对可再生能源态度的影响均显著。性别系数为 -0.12，当性别为男性时，对可再生能源的支持概率降低 12%；年龄变量的系数为 -0.01，即年龄增大对可再生能源的支持概率降低 1%；收入变量的系数为 0.09，收入的上升使得对可再生能源的支持概率提高 9%；受教育程度的系数为 0.02，即学历越高，对可再生能源支持的概率就越大；能源知识的系数为 0.03，即能源知识使民众对可再生能源的支持概率提高 3%；环保意识的系数为 0.51，即关心环境将使对可再生能源的支持概率提高 51%。

性别、年龄、能源知识与环保意识对核能态度的影响显著。性别变量的系数为 0.43，即性别为男性时，对核能支持概率将提高 43%；年龄增大会对核能的支持概率降低 0.6%；能源知识系数为 0.04，即能源知识使民众对核能的支持概率提高 4%；环保意识系数为 -0.20，即民众关心环境的意识越强，对核能发展的支持力度越弱。

表 7-8　东、中、西部影响因素回归结果对比分析

变量	东部		中部		西部	
	renewable	nuclear	renewable	nuclear	renewable	nuclear
性别	-0.2759851**	0.5455133***	-0.0098888	0.3258253***	-0.1190866**	0.4398862***
年龄	-0.017308**	-0.018159	-0.0207765***	-0.0017117	-0.0155231***	-0.006415*
收入	0.0635015	0.1461383**	0.1400197***	0.0823271*	0.0971534***	0.0376012
受教育程度	0.0117121	-0.0094843	0.0096608	0.0343022	0.0224051**	-0.0090386
能源知识	0.0312194	0.2274963***	0.0418282	0.0637605*	0.0320855**	0.0432066**
环境意识	0.3875845**	0.0820273	0.6654701***	-0.0771332	0.5065923***	-0.2072607*

注：***、**、* 分别表示 1%、5%、10% 的显著性水平。

东、中、西回归结果对比分析说明：性别与年龄变量对可再生能源态度的影响在三个模型中都比较显著，并且与总体回归结果一样，说明性别与年龄因素在区域上并无差别。收入变量在中、西部两个模型中显著，并且对中部地区的影响力度最大，这说明对收入进行收入再分配更能提升他们的支持概率。受教育程度与能源知识只有在西部对可再生能源态度的影响是显著的，这说明提高教育水平和知识普及对西部的影响最为明显。同样，环保意识也只在西部模型中是显著的。

性别、能源知识变量对核能态度的影响在三个模型中均显著，说明性别与能源知识因素在区域上并无显著差异。收入因素对核能态度影响在东部和西部是显著的，其中对东部地区的影响力度最大，这可能是目前中国大多数核电站都建在东部地区的原因，东部地区的民众对核能比较熟悉，提高他们的收入可以明显地促进他们对核能的支持。环保意识因素只有在西部模型中的系数显著，这说明西部民众在核能利用和环境保护之间更倾向于环境保护。东中西部受教育程度变量对核能态度的影响都不显著。

本章小结

我们通过"民众能源问题政策倾向调查"的数据研究发现，中国民众对可再生能源的支持度较高，对电价问题比较关心。大多数民众的社会责任感也比较强，为了保护环境，降低环境污染，宁愿多承担部分用电成本也支持可再生能源发电的发展。除此之外，我们通过实证还系统地研究了中国民众对可再生能源支付意愿的影响因素：人口统计学特征、教育水平及能源知识、环境意识等因素。这三类影响因素对民众支付意愿的影响随着能源类型的不同而产生了差异性。对于可再生能源来讲，女性支持的概率较高，而对于核能则男性支持概率更高；年龄对两种能源的影响作用一致，随着民众年龄的上升，民众支持绿色能源的概率是下降的；收入因素对于两种能源的影响结果也是一致的，随着收入的提高，民众对可再生能源和核能的支持概率都会上升；受教育程度与能源知识均对民众可再生能源的支付意愿有正向促进作用，但是受教育程度因素对核能支付意愿的影响并不显著；拥有环保意识会提高民众对可再生能源的支付意愿，而对于核能来说这一因素的影响并不显著。

第八章

中国绿色能源消费与经济增长关系预测

传统化石能源的消耗推动了宏观经济增长，但是由于化石能源可用总量的约束，它们对经济增长的推动作用不具备持续性。针对这一现象反观绿色能源，它和经济增长之间是否具有因果关系？它的开发使用是否具有峰值，从而致使经济增长存在极限？鉴于对这些问题的考虑，本章试图对绿色能源消费与经济增长之间的关系进行研究。由于绿色能源（水电、风电、核电、光伏电）缺乏各省的统计数据，无法做面板分析，本章通过时间序列模型先来测定中国绿色能源消费与经济增长之间的库兹涅茨曲线，对二者之间的发展趋势进行判断，然后加入城镇化、产业结构等因素通过构建 ECM 模型以实现对我国绿色能源消费与经济增长之间的长期均衡关系做出进一步分析。

第一节 理论基础

一、经济增长理论

长期以来，国内外学术界关于经济增长理论的研究层出不穷。由于研究侧重点的现实差异，以哈罗德—多马模型为基础，现代经济增长理论主要可归纳为新古典经济增长理论、外生经济增长理论，以及之后的新经济增长理论、内生经济增长理论。

古典经济增长理论的奠基人斯密曾在 1776 年发表了重要著作《国富论》，《国富论》的分析以农业生产占主导，提出了分工和资本积累对劳动效率的提高以及经济的增长有重要意义，但是他的分析有些悲观，认为经济的增长存在极限。1928 年拉姆齐发表了《储蓄的数理理论》，这被认为是现代经济增长理论的开始。之后，哈罗德与多马则作为现代经济增长理论的中枢核心，在继承凯恩斯增长理论的条件下，结合资本积累对经济增长的重要作用关系，创造了重要的资本积累论，从而为后来的发展提供了重要帮助。索罗与斯旺在哈罗德模型的基础上提出了著名的索罗—斯旺模型。相对于哈罗德模型而言，该模型以"劳动和资本可平滑替代"为基础取代了哈罗德模型中的生产技术假定，从而为新古典理论的创造和发展提供了重要支撑。然而，囿于索罗模型将储蓄率假定为外生变量，致使具体分析存在特殊性。因此，在这一基础上，1965 年卡斯、库普斯曼通过引入消费者最优理论实现了储蓄率内生假定，从而强化了整个模型的一般性。然而，即使拉姆齐、索罗、斯旺、卡斯、库普斯曼不断在发展完善增长理论，主要观点存在部分差异，但也具有共同点，即都承认人口和技术对经济增长的影响。在经过了几十年的沉寂之后，新经济增长理论开始逐渐诞生。以 1986 年保罗·罗默和 1988 年罗伯特·卢卡斯为代表的经济学家在假定边际收益递增的情况下研究指出，外生因素并不构成经济增长的主要动力源泉，而技术创新与资本积累才是推动经济增长的关键动力。

总之，现代经济增长理论中陆续将资本存量、劳动力、技术进步乃至政治制度等作为推动经济发展的重要因素，而能源则被认为是可以被其他生产要素替代的外生变量。

二、增长极限理论

从 20 世纪中叶开始，"和平与发展"成了世界发展的主题，特别是在第三次科技革命的助力下，西方发达国家很快完成了战后恢复并进入了高速发展阶段。然而，发展的同时也加重了生态危机和能源危机等一系列灾难。在此背景下，1972 年部分学者通过组建"罗马俱乐部"，对未来发展趋势进行了集中研究，研究成果主要表现为《增长的极限》的问世。

学者们从人口增长、环境污染、不可再生能源消耗、粮食供应、资本投资五个维度，通过构建"系统动力学"模型，分析了五个维度整体对经济增长的影响，最终提出了经济增长存在极限的结论。关于增长极限大致可归纳为三点：

（一）有限的资源是致使增长极限的原因

《增长的极限》通过引入经济增长的"五大影响因素"并加以量化分析发现，各影响因素均呈现指数型增长，并且这种增长均是不存在限制的。然而，粮食供应、不可再生资源、自然环境却是有限的，所以终究还是无法实现经济的指数型增长。

（二）全球自然环境与经济增长问题始终是不可分离的复杂整体

《增长的极限》中的研究发现经济增长与其"五大"影响因素之间存在互

相影响的机制关系——反馈环路结构，即某一个因素的变化势必引起其他因素的共同变动，从而进一步反作用于初始因素，以推动初始因素的更加快速变化，最终导致系统中"五大"因素无休止的变化，增长极限由此产生。举例来看，人口增长必将对粮食供应提出更高要求，粮食供应的增加又取决于资本投资力度，资本投资提高将会消耗更多的能源，从而致使严重的环境和生态危机，而危机又会对粮食安全起到重要的抑制作用，进而导致粮食生产危机和全面社会危机。

（三）均衡是消除保护环境和经济增长矛盾的关键路径。

《增长的极限》中明确提出了关于实现均衡发展的具体措施，大致可概括为：（1）维持人口稳定。比如，通过采用先进医学技术改变出生率和死亡率，以逐渐实现二者的相等。（2）维持工业资本稳定。比如，通过改进产品生产的技术，不断增加资本的长期利用率，以实现投资率和折旧率的平等同步变化。（3）保持技术进步。比如，加快工业资本循环技术的发展步伐，以实现产品/单位的资本消耗率与1970年相关数据的1/4相等。（4）环境优先策略。比如，在使用农业资源的过程中，要首先考虑土地需要。（5）正视增长的极限。增长的极限具有双重性，即存在崩溃的一面，同时也告诫人们只要合理控制发展亦可避免崩溃。

三、峰值理论

峰值理论由美国地质学家 M. 金·哈伯特（M. King Hubbert）提出，是关于矿物资源产量"钟形曲线"研究的理论。该理论认为一切不可再生能源的产量都将呈现出从零到"指数型"增长到峰值后转而快速下降直至降为零的过程。1956年运用该理论对美国石油发展趋势进行了预测研判，并提出了著名的石油产量峰值理论。

推导过程为：

$$q = \frac{dQ}{dt} = aQ + bQ^2 \tag{1}$$

当累计产量接近于极限资源量 Q_∞ 时，产量接近0，因此

$$aQ_\infty + bQ_2^\infty = 0 \tag{2}$$

由式（2）可得：

$$b = -\frac{a}{Q_\infty} \tag{3}$$

将式（3）代入式（1）得：

$$\frac{dQ}{Q - \frac{Q^2}{Q_\infty}} = adt \tag{4}$$

式（4）左端对 Q 从 Q_0 到 Q_∞ 求积分，右端对 t 从 t_0 到 t_∞ 求积分得到累计产量预测模型：

$$Q = \frac{Q}{1 + c\,e^{-a(t-t_0)}} \tag{5}$$

式中，$c = \dfrac{Q_\infty - Q_0}{Q_0}$

对式（5）求导得到产量预测模型：

$$q = \frac{a \times Q_\infty \times c\,e^{-a(t-t_0)}}{\left[\,1 + c\,e^{-a(t-t_0)}\,\right]^2} \tag{6}$$

对式（6）求二阶导数并令其等于零，可以得到两个时间拐点公式：

$$t_{g1} = t_0 + \frac{1}{a} \times ln\left[\,(2 - \sqrt{3}) \times c\,\right] \tag{7}$$

$$t_{g2} = t_0 + \frac{1}{a} \times ln\left[\,(2 - \sqrt{3}) \times c\,\right] \tag{8}$$

其中，a，c 表示模型参数；t_0 表示开采时间，t_{g1} 表示钟形曲线左侧的拐点；t_{g2} 表示钟形曲线右侧的拐点；q 为产量；Q 为累计产量。

结论表明，当能源产品达到峰值后将快速转为下降，无不体现了能源消耗的一般规律。

四、环境库兹涅茨曲线理论

A. 库雷格（A. Kureger）和 G. 格鲁斯曼（G. Grossman）在研究环境和增长的关系时发现，无政府主义情况下，环境与增长之间存在明显的"倒 U 型"关系，即随着经济的不断增长，环境将呈现出由不断恶化转向逐步改善的发展态势——"环境库兹涅兹曲线理论"。这一理论指出，在经济增长的初始阶段，经济增长作为首要目标，必然会放弃或者忽略环境质量的保护和改善问题。随后，当经济增长由工业化初期、中期转向工业化后期，经济增长开始逐步趋于平衡。其间，经济增长带动了环境的恶化与人民生活水平的提高，此时人们对于环境改善的重视度开始提升，经济增长目标退而求其次，环境改善成了关键环节。

现有关于解释该理论的经济学假说主要可归纳为五个方面：（1）环境需求假说。该假说认为在经济增长初期，人民对于增加收入和改善民生的内在需求远远高于保护和改善环境的动力，所以发展初期都是将经济增长视为发展之本。随着经济的不断增长，物质需求得到基本满足的同时便会衍生出对环境改善的高度需求，因此改善环境的动力大增。由此解释了库兹涅茨曲线。（2）国际贸易假说。该假说指出，国与国之间存在巨大的异质性，特别是经济发展水平的差异导致了环境改善动力的差异。发达国家改善环境的重要路径就是污染转移，即通过将污染较高的产品转移到发展中国家或落后国家，以实现本国的环境改善和其他国家的经济增长。（3）内生经济增长假说。该假说认为，随着不断的技术进步，能源利用率将会不断提升，在此基础上环境自然会表现出由坏转好的规律性趋势。（4）经济结构假说。该假说则指出，在经济结构不断演进的过程中，以农业发展为基础的工业化初期环境并不存在较大的污染问题。只是随着以工业发展为基础的工业化中期的到来，污染物的排放量才开始大幅度增加，直到以发展服务业为主的工业化后期的到来，污染物排放量随之降低，环境因而趋于改善。（5）国家政策假说。该假说强调，国家政策即便不能改变经济增长与环境发展的"倒 U 型"规律，也可以改变"倒 U 型"曲线峰值来临的时间点。

第二节　文献研究[①]

　　经济增长和能源消耗之间的关系问题国内外众多学者都进行了研究。娜拉·基安（Nara Gean）等人使用格兰杰因果检验测量了 G7 国家能源消耗与经济增长之间的关系，得出了二者之间并没有因果关系的结论。图格楚（Tugcu）等人通过自回归分布之后（ARDL）模型得出了 G7 国家的经济增长与能源消耗之间相互影响。图格楚使用多元面板数据模型进行实证研究，发现能源消耗对 G7 国家的经济增长具有单向影响。另一个原因可能是国情不同，即使使用相同的分析框架和采用相同的测量方法，能源消耗与经济增长之间的关系在不同的国家也会有所不同。林伯强应用误差校正模型研究了电力消耗与经济增长存在长期的均衡关系[②]。林伯强、魏巍贤等人研究了 1980 年至 2004 年中国 GDP 与煤炭消费之间的格兰杰因果关系，并认为 GDP 与煤炭消费之间存在的关系具有单向格兰杰因果的特征[③]。刘凤朝等人在 2007 年研究了 1988 年至 2005 年中国经济增长与能源消耗之间的关系，认为经济增长与能源消耗是内生的，并且相互之间具有积极影响。

①　此章节中的文献综述是简要综述，详尽文献综述在第二章理论基础与文献综述章节。

②　林伯强. 电力消费与中国经济增长：基于生产函数的研究 [J]. 管理世界，2003，
（11）：18-27.

③　林伯强，魏巍贤，李丕东. 中国长期煤炭需求：影响与政策选择 [J]. 经济研究，2007，
（02）：48-58.

综合上述文献，众多都是针对中国绿色能源与经济增长的因果关系进行研究的，至于绿色能源是否会导致经济增长出现"增长极限"，即是否会出现拐点、何时出现拐点，尚未有人进行研究。

第三节　绿色能源消费与经济增长库兹涅茨曲线的测定

一、指标的选取

为确定绿色能源消费与经济增长之间库兹涅茨曲线的类型，本节在上述人均绿色能源消耗量与人均 GDP 指标的基础上，将人均 GDP 的二次方与三次方作为两个变量加入模型。因绿色能源消费指标没有分析的数据，无法做面板模型，本节在分析方法上，采用时间序列分析方法。

二、模型的选择

为了确定绿色能源消费与经济增长之间的关系，二者之间属于哪种曲线类型，此处建立一个一元三次计量经济模型：

$$GE_t = \beta_0 + \beta_1\,GDP_t + \beta_2\,GDP_t^2 + \beta_3\,GDP_t^3 + \mu_t \tag{9}$$

模型中 GE 表示人均绿色能源消耗量，GDP 表示人均 GDP，μ_t 表示随机误差项。

根据回归结果可以判断人均绿色能源消耗量与人均 GDP 之间的几种可能的曲线关系：（1）如果 β1≥0、β2<0 且 β3>0，则为三次曲线关系或者说呈 N 型曲线关系；反之，如果 β1≤0、β2>0 且 β3<0，则为倒 N 型曲线关系。（2）如果 β1≥0、β2<0 且 β3=0，则为二次曲线关系即呈库兹涅茨（Kuznets）倒 U 型曲线关系；反之，如果 β1≤0、β2>0 且 β3=0，则为 U 型曲线关系。（3）如果 β1≠0 且 =0，β3=0，则为线性关系。

三、实证分析

（一）变量的平稳性检验

本节采用的数据均为时间序列数据，因此同样要进行平稳性检验。

如表 8-1 所示，经过 ADF 检验后发现，GE、GDP、GDP2、GDP3 经过二次差分后数据变得平稳，因此均为二阶单整序列。四个变量原始数据虽然是不平稳序列，但是同阶单整序列，可以进行回归模型分析，且必须进行协整检验。

表 8-1 平稳性检验

变量	差分次数	ADF Test Statistic	5% Critical Value*	平稳性
GE	2	-9.821477	-3.485218	平稳
GDP	2	-7.925131	-3.485218	平稳
GDP2	2	-6.416595	--3.485218	平稳
GDP3	2	-3.860437	-3.485218	平稳

（二）回归分析

为了得到模型的正确形式，本节应用最小二乘法（OLS）分别估计了人均 GDP 与环境状况之间的三次曲线拟合方程、二次曲线拟合方程以及线性方程三种形式，分别对模型进行方程显著性检验、变量显著性检验，并应用 DW 检验法来检验模型的自相关性。

在 Eviews 统计分析软件基础上，得到最终回归结果为：

$$GE_t = -4.2592 + 0.0739\, GDP_t - 9.36 \times 10^{-6}\, GDP_t^2 + 9.68 \times 10^{-10}\, GDP_t^3 + \mu_t$$

$$t - 2.507354)(21.51056)(-7.541986)(8.300858)$$

$$R^2 = 0.996091 \qquad DW = 1.533056 \qquad F = 5181.479 \qquad (10)$$

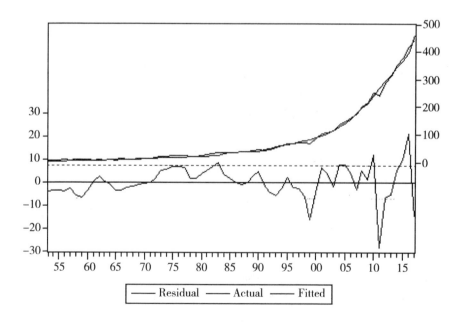

图 8-1 回归方程拟合图

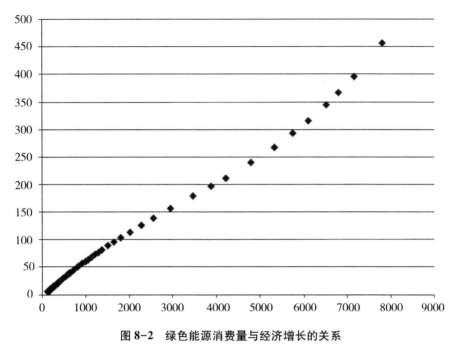

图 8-2　绿色能源消费量与经济增长的关系

根据模型结果显示，三个变量均通过了显著性检验，拟合优度也是很高，说明了模型具有较好的解释力。从估计结果来看，β1>0、β2<0、β3>0，说明人均绿色能源消耗量与人均 GDP 之间存在明显的"N"型曲线关系，虽然三次项系数通过了显著性检验，但是拐点处并无实根，无法确定曲线的拐点的位置，因此曲线更像一个斜向上的"～"型结构。从图 8-2 可以看出，目前阶段绿色能源消费量与经济增长是呈正相关的关系，即人均绿色能源消耗量会随着人均 GDP 的增长而不断上升。

（三）协整分析

协整检验的方法有两种，一种是基于回归残差的协整分析，另一种是基于回归系数完全信息的 Johansen 协整检验。本节使用单一方程的 EG 两步法进行协整检验。

恩格尔和格兰杰于 1987 年提出了协整的概念。假定自变量序列为 {X1}，…，{Xk}，因变量序列为 {Y}，构造回归模型：$Y_t = \beta_0 + \sum_{i=1}^{k} \beta_i X_i + \varepsilon_t$。假定回归残差序列 ε_t 平稳，则称因变量序列与自变量序列之间有协整关系。第一步是对变量进行回归，第二步是对回归残差进行平稳性检验，如果残差是平稳的，说明变量之间存在协整关系。

在上述分析中我们已经对变量进行了回归分析，因此，直接对方程式（10）所生成的残差序列进行平稳性检验，检验结果如下：

表 8-2　平稳性检验

变量	差分次数	ADF Test Statistic	5%　Critical Value*	平稳性
εt	0	−8.037594	−3.487845	平稳

检验结果表明残差序列是平稳序列，因此在模型中变量序列之间存在协整关系。

四、研究结论

经济增长对绿色能源消费的影响趋势呈向右上倾斜的"N"字形，且没有拐点，这表明绿色能源的消费量会随着经济增长而不断提高，国家经济发展总量的扩大和发展质量的提升都会促进绿色能源的发展。

第四节　绿色能源消费与经济增长等多因素长期均衡分析

一、数据来源及变量描述

本节选择的样本区间为 1953 年至 2017 年的年度数据，各变量数据来源于《新中国 60 年统计资料汇编》、国家统计局网站、历年中国统计年鉴、历年中国能源统计年鉴、EPS 全球统计分析数据库。

（一）绿色能源需求（GE）

绿色能源需求用全国人均绿色能源消耗量来衡量，绿色能源消费量由水电、核电、风电消费量来进行衡量①，人均绿色能源需求由绿色能源消费量除以当年全国总人口计算得出。

（二）经济增长（GDP）

本节选取人均 GDP 来反映经济增长。有的学者使用的是名义人均 GDP 数据，也有许多学者是用 CPI 指数对名义人均 GDP 进行调整。考虑到通胀因素，本节也使用 CPI 指数以 1953 年为基期对名义 GDP 进行平减处理。之后用得到的实际 GDP 除以全国总人口得到实际人均 GDP。

（三）产业结构（DS）

对于能源生产而言，能源消费与产业结构的关系更加密切，能源消费对于

---

① 由于太阳能、生物质能等能源消费量占能源总消费量的比重非常小，在数据统计时未将这些能源消费量计入在内，因此本节用水电、核电与风电消费量来衡量绿色能源消费量。

产业结构之间存在高度相关性，能源消费对经济发展以及产业结构优化调整具有重要的推动作用（付豪，2019）。本指标用第二产业增加值占国内生产总值的比重来表示。

（四）城镇化水平（UR）

随着人口和工业的转移，城市化通过改变生产方式、居住方式和生活方式来影响能源消耗（张晓平，2005）；能源是城市生产和生活的原材料、能源和物质基础。它的消费过程也影响着城市发展过程。（刘耀彬等人，2011）因此，本文选取城镇化水平作为解释变量。本指标用城镇常住人口占总人口的比重来表示。

为了消除异方差的影响，原数据全都做取对数处理。下表 8-3 为各变量总体的描述性统计。

表 8-3　变量数据描述性统计

变量名	均值	标准差	最小值	最大值
LNGE	3.5154	1.4459	0.5267	6.0986
LNGDP	6.5063	1.2561	4.8956	8.9611
LMDS	3.7215	0.1801	3.1508	3.8852
LNUR	3.1658	0.4455	2.5885	4.0693

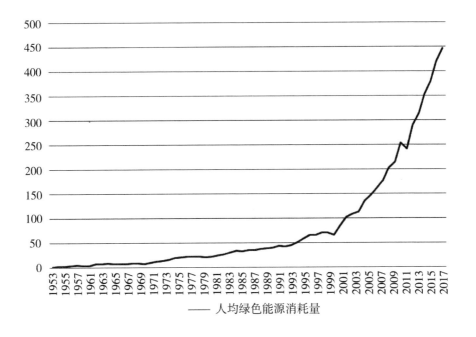

—— 人均绿色能源消耗量

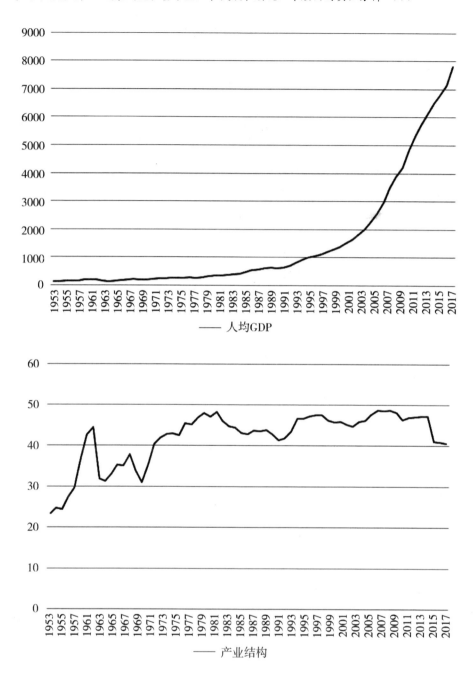

—— 人均GDP

—— 产业结构

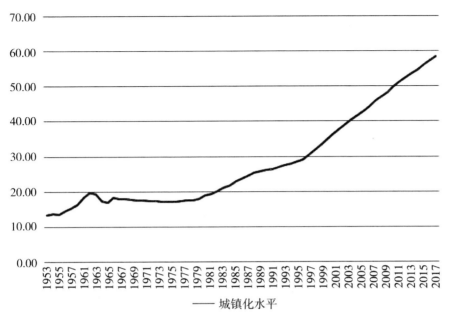

图 8-3 1953—2017 年中国人均绿色能源消耗量、人均国内生产总值、产业结构、城镇化水平发展趋势

数据来源：中国国家统计局；EPS 全球统计分析数据库。

在 1953—2017 年的时间段中，人均绿色能源消耗量与人均 GDP 在 2000 年左右开始快速增长，并且二者发展轨迹高度一致。城镇化水平随着人均 GDP 的升高而不断上升，在 2017 年达到了 58.82%。产业结构在过去的时间里呈波动式发展，但总体上是呈上升趋势。

二、模型分析

（一）平稳性检验

根据 VEC 模型的前提条件，需要验证各变量的平稳性和是否具有协整关系。在实际的数据统计分析中，获得的时间序列往往是不平稳的，因此在建立 VEC 模型之前进行单位根检验是整个分析过程中不可缺少的一部分。本节采用 ADF 检验方法进行检验，由图 8-3 可知，人均绿色能源消耗量、人均 GDP、城镇化水平三个变量均有截距和趋势，在进行检验时加上截距项和趋势项；产业结构变量具有截距但是没有明显的发展趋势，因此在进行检验时只加截距项。如果检查结果均为一阶单整，说明平稳性检验通过检验。检验结果如表 8-4 所示：

表 8-4　变量序列平稳性检验

变量	t 统计值	5%显著性水平值	P 值	平稳性
LNGE	-3.62503	-3.4816	0.0355	平稳
LNGDP	1.115971	-2.90842	0.9973	非平稳
LNDS	-3.42606	-2.90766	0.0135	平稳
LNUR	-2.07864	-3.48785	0.5466	非平稳
ΔLNGE	-8.78793	-3.48276	0.0000	平稳
ΔLNGDP	-6.50799	-3.48397	0.0000	平稳
ΔLNDS	-6.2076	-2.90842	0.0000	平稳
ΔLNUR	-3.89146	-3.48522	0.0183	平稳

注：Δ 表示对变量进行一阶差分

　　检验结果显示，LNGE、LNDS 原序列 T 统计值小于 5%的显著性水平值，拒绝"存在单位根"的原假设，通过单位根检验，即 LNGE、LNDS 是平稳序列。LNGDP、LNUR 原序列 T 统计值均大于 5%的显著性水平值，接受原假设"存在单位根"的原假设，未通过单位根检验。因此，对原序列进行一阶差分后再进行检验，LNGDP、LNUR 时间序列经过一阶差分后，T 统计值均小于 5%显著性水平值，故能在 5%显著性水平上拒绝"存在单位根"的原假设，说明两个变量皆为一阶单整序列。三个以上的变量如果具有不同的单整阶数，有可能经过线性组合构成低阶单整变量，[①] 因此可以建立模型进行分析，但是必须要对变量进行协整检验，防止伪回归的出现。

（二）协整检验

　　经济统计分析认为：若某些变量具有长期的依存关系，便认为这些变量间存在均衡关系，当这种均衡关系存在时，才能进行经济模型的构建，这种均衡关系又被称为协整关系。本节需要知晓 LNGE、LNGDP、LNDS、LNUR 之间是否存在长期的均衡关系，因此要进行协整检验。

　　在进行协整检验之前需要先确定模型的滞后阶数 k。本节使用 AIC、SC 信息准则、LR 统计量以及其他检测方法作为选择最优滞后阶数的标准，由图 8-4 可知，LR 统计量得出的最优滞后阶数是 4；AIC 得出的最优滞后阶数是 9；SC 信息准则得出的最优滞后阶数是 2；HQ 得出的最优滞后阶数是 2。我们选取其

　　① 李子奈，潘文卿. 计量经济学：第 4 版［M］. 北京：高等教育出版社，2015：122.

中最小者，即 k=2。

对数似然值 (LogL)	似然比 (LR)	最终预测误差 (FPE)	赤池信息准则 (AIC)	施瓦茨准则 (SC)	汉南-奎因准则 (HQ)
83.89955	NA	6.77e-07	-2.85356	-2.70889	-2.79747
407.0629	588.6189	1.17e-11	-13.8237	-13.1003	-13.5432
441.2516	57.38816	6.16e-12	-14.4733	- 13.17126 *	- 13.96848 *
445.113	19.75144	7.05e-12	-14.3612	-12.4805	-13.632
475.6299	29.9699 *	6.05e-12 *	-14.5582	-12.0989	-13.6047
484.2872	10.8216	8.48e-12	-14.296	-11.2579	-13.1181
506.3405	24.41625	7.67e-12	-14.5122	-10.8955	-13.11
529.0270	21.87627	7.19e-12	-14.751	-10.5559	-13.1244
550.6920	17.79619	7.57e-12	-14.9533	-10.1792	-13.1024
579.4285	19.49976	6.95e-12	- 15.04816 *	-10.0554	-13.3329

图 8-4　最优滞后阶数表

约翰森在 1988 年及与朱塞利斯在 1990 年一起提出了一种以 VAR 模型为基础的检验回归系数方法，在检验多变量协整关系时具有良好的表现。JJ 检验分为 Trace 检验和 Max-eigenvalue 检验，本节使用这两种方法对 4 个变量间进行协整检验，JJ 检验与最大值检验结果分别为如图 8-5、图 8-6。结果显示五个变量之间存在 2 个协整向量，即存在着协整关系，即从长期看，人均绿色能源消耗量、人均国内生产总值、产业结构与城镇化水平之间都存在着长期均衡关系。

无约束协整秩检验（迹）

假设的协整方程 (CE) 数量	特征值	迹统计量	0.05 临界值	概率 **
无 *	0.53858	86.65325	55.24578	0
至多 1*	0.382536	38.69958	35.0109	0.0193
至多 2	0.100585	8.807254	18.39771	0.5998
至多 3	0.0354	2.234599	3.841466	0.135

备注：1.迹检验表明在 0.05 水平下存在 2 个协整方程
2. * 表示在 0.05 水平下拒绝原假设
3. **麦金农 - 豪格 - 米歇利斯（1999）P 值

图 8-5　Johansen-Juselius 检验 Trace 检验结果图

假设的协整方程 (CE) 数量	最大特征值	0.05 统计量	临界值	概率 **
无 *	0.53858	47.95367	30.81507	0.0002
至多 1 *	0.38253	28.9233	24.25202	0.0081
至多 2	0.100585	6.572654	17.14769	0.7587
至多 3	0.0354	2.234599	3.841466	0.135

备注：1.最大特征值检验表明，在 0.05 的显著性水平下存在 2 个协整方程。
2. *表示在 0.05 的显著性水平下拒绝原假设。
3. ** 麦金农 - 豪格 - 米歇利斯（1999）P 值。

图 8-6　Johansen-Juselius 检验 Trace 检验 Max-eigenvalue 检验结果图

（三）建立模型

通过对五个变量进行单位根和 JJ 协整检验得出的结果，可以认为使用向量误差修正模型（VEC，Vector Error Correction）是合理的。

设 $y_t = [ln(ge_t), ln(gdp_t), ln(ds_t), ln(ur_t)]'$，单位根的结果表明 y_t 的各指标均是 I（1）序列，JJ 协整检验的两个统计量均表明存在两个协整向量，在此基础上，得出 VEC 模型的公式：

$$\triangle y_t = \alpha\beta' y_{t-1} + \sum_{i=1}^{p-1} \Gamma_i \triangle y_{t-i} + \varepsilon_t \quad t = 1, 2, \cdots, T \quad (11)$$

其中 β 为 4*2 的矩阵，其每一列所表示的各变量的线性组合都是一种协整形式，因此 β 成为协整向量矩阵，协整向量的个数为 2。α 同样也是 4*2 的矩阵，其每一列元素是出现在第 i 个方程中的对应误差修正项的系数，即调整系数，故成为调整参数矩阵。模型中差分项的滞后阶数 p 为 2，其中协整向量的估计结果如表 8-5 所示。

表 8-5　协整向量矩阵 β 的估计结果

变量名	Ln（ge$_t$）	Ln（gdp$_t$）	Ln（ds$_t$）	Ln（ur$_t$）	常数项
协整向量（1）	1	0	-3.55773	0.555413	17.60432
协整向量（2）	0	1	-2.28886	0.443031	11.73238

（四）格兰杰因果检验

格兰杰因果检验主要是对 LNGE、LNGDP、LNDS、LNUR 之间的概率分布进行比较，判断二者之间是否存在经济学意义上的因果关系，即一个变量的前期信息的变化是否会引起另一个变量前期信息的变化。表 8-6 给出了变量间格兰杰因果检验结果，可以看出，人均绿色能源消耗量（GE）与人均 GDP 互为格兰杰因果关系所对应的 p 值都小于 0.05；产业结构（DS）是人均绿色能源消耗量（GE）的格兰杰原因，但是人均绿色能源消耗量（GE）不是产业结构（DS）的格兰杰原因；城镇化水平（UR）是人均绿色能源消耗量（GE）的格兰杰原因，但是人均绿色能源消耗量（GE）不是城市化（UR）的格兰杰原因。

通过格兰杰因果检验可以得出：人均绿色能源消耗量（GE）的变化会引起经济增长的变动；经济增长的变动反过来也会引起人均绿色能源消耗量（GE）的变化；产业结构（DS）的变化会引起人均绿色能源消耗量（GE）的变动；城市化的进程会影响人均绿色能源消耗量（GE）的变化。

表 8-6　格兰杰因果检验

H0：原假设	F 统计量	P 值	结论
LNGDpdoes not Granger Cause LNGE	6. 07893	0. 0040	拒绝
LNGE does not Granger Cause LNGDP	5. 556	0. 0062	拒绝
LNDS does not Granger Cause LNGE	0. 60282	0. 5507	接受
LNGE does not Granger Cause LNDS	11. 5654	0. 0001	拒绝
LNUR does not Granger Cause LNGE	4. 34981	0. 0174	拒绝
LNGE does not Granger Cause LNUR	4. 70406	0. 0128	拒绝
LNDS does not Granger Cause LNGDP	2. 26608	0. 1128	接受
LNGDpdoes not Granger Cause LNDS	1. 00202	0. 3734	接受
LNUR does not Granger Cause LNGDP	3. 15903	0. 0499	拒绝
LNGDpdoes not Granger Cause LNUR	11. 5958	0. 0001	拒绝
LNUR does not Granger Cause LNDS	0. 68437	0. 5084	接受
LNDS does not Granger Cause LNUR	7. 73621	0. 0011	拒绝

（五）脉冲响应分析

脉冲响应分析是一个变量的冲击对另一个变量的影响。图 8-7 至图 8-9 分别给出了 LNGE 与 LNGDP、LNGE 与 LNDS、LNGE 与 LNUR 的脉冲响应分析。

Response of LNGE to LNGDP

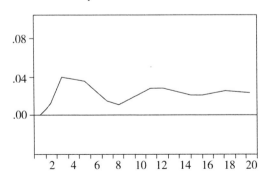

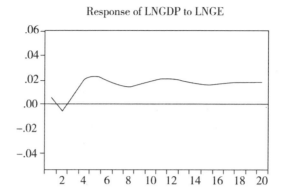

图 8-7　LNGE 与 LNGDP 的脉冲响应分析

图 8-7 中的上图 LNGDP 为脉冲变量，描绘了 LNGDP 对 LNGE 的动态效应；图 8-7 中下图 LNGE 为脉冲变量，描绘了 LNGE 对 LNGDP 的动态效应。可以看出，本期内 LNGDP 受到一个冲击后，LNGE 前 5 期的响应函数呈现上升状态，在第 5 期达到峰值 0.051，5 至 8 呈现回落状态，达到低值 0.031，之后又呈现上升状态，在第 11 期达到第二个峰值 0.041，之后逐渐下落至 0.038 保持一个较为稳定的状态，趋势图成"N"字形，这说明经济增长在长期内可以促进人均绿色能源消耗量的增长。同理，当 LNGE 受到一个冲击后，在第四期达到了峰值 0.038，之后一直下降至第 7 期的 0.025，第 7 期过后保持较为平稳的状态，这说明了在长期内人均绿色能源消耗量的增长也可以促进经济的增长。

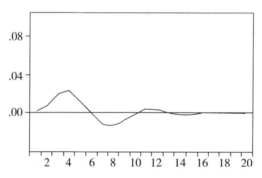

图 8-8　LNGE 与 LNDS 的脉冲响应分析

图 8-8 中 LNDS 为脉冲变量，描绘了 LNDS 对 LNGE 的动态效应。当 LNDS 受到一个冲击后，LNGE 在第 4 期达到顶峰 0.030，然后在第 6 期回落到 0 状态，然后一直呈下降趋势，直到第 8 期达到了最低点 -0.014，之后基本稳定在 0 左右。说明了在短期内产业结构的变动对人均绿色能源消耗量的增长有促进作用。

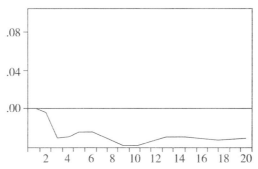

图 8-9　LNGE 与 LNUR 的脉冲响应分析

图 8-9 中 LNUR 为脉冲变量，描绘了 LNUR 对 LNGE 的动态效应。当 LNUR 受到一个冲击后，LNGE 一直呈下降状态，然后在第 9 期达到最低点-0.036，之后保持一个较为平稳的状态，这说明了城市化的进程对人均绿色能源消耗量的增长有抑制作用。

（六）方差分解

方差分解和冲击响应对变量研究的看法不同。方差分解用于分析每个变量施加的结构冲击对其他内生变量变化的贡献，从而衡量不同变量在结构冲击中的重要性。脉冲函数分析可以定性分析经济增长、产业结构和城市化水平对绿色能源消耗影响的响应曲线。方差分解可用于通过贡献程度定量分析影响程度。这是描述系统动态的另一种方法。反映了经济增长，产业结构和城市化水平对绿色能源消耗的影响。

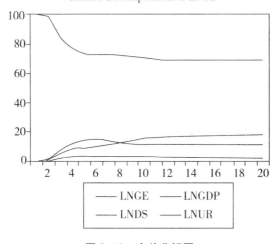

图 8-10　方差分解图

从图 8-10 可以看出，绿色能源消费自身冲击的贡献度最大，随着时间的推移，贡献度逐渐下降，到第 12 期，下降到最低点 69%，之后基本稳定在 69% 左右；经济增长对绿色能源消费贡献度从第 1 期开始上升，在第 5 期达到最高点16%，之后又开始平稳下降至 11%，之后基本稳定在 11%；城镇化水平对绿色能源消费的贡献度从第 1 期开始平缓上升，在 11 期达到最高点 16%，之后基本稳定在 17%；产业结构对绿色能源消费贡献度很低，一直缓慢上升达到第 4 期的 3%，之后稳定在 3%。可见，城镇化水平对绿色能源消费的贡献度最高，经济增长次之，产业结构最低。

三、研究结论

通过以上实证分析可以看出绿色能源消费、经济增长、产业结构与城镇化水平之间存在长期均衡关系，并且城镇化水平对绿色能源消费的影响程度最大，经济增长次之，产业结构最低。

经济增长在长期内会促进绿色能源的发展，这与上节模型结论也是吻合的。另外，绿色能源的发展也会影响经济增长。短期而言，绿色能源消费对经济增长具有显著的积极影响，但是影响力度较小，这恰好反映了当前中国的经济状况。2017 年中国绿色能源消费量占能源总消费量的 14.3%，虽然发展潜力巨大，但目前的发展基础较小，影响也有限。

在城镇化水平方面，滞后一期对绿色能源消费量产生积极影响，而当期的城镇化率则具有抑制作用。出现这种现象主要有两个原因：一是在城镇化的过程中需要大量的能源消耗，这其中包括传统能源消耗和新能源消耗，可以肯定的是城镇化会增加绿色能源的消耗，但是与传统能源消耗相比，绿色能源消耗的比例相对很小。因此，快速的城镇化带动了传统能源消耗的快速增长，从而压缩了新能源的消费空间。二是部分城镇的发展思路滞后，盲目投资，过度引进，落后产能，基础设施盲目扩张和工业发展。我们不能保证工业的技术含量，只能消耗资源和能源来支持经济增长，而忽略了资源、环境和城市发展质量的后果。

通过脉冲响应分析图和方差分解综合分析，在短期内产业结构对绿色能源的发展呈先促进后抑制的关系，但是在长期来看影响力度很小。

本章小结

本章通过时间序列模型分析出，经济增长对绿色能源消费的影响趋势呈向右上倾斜的"N"字形，且没有拐点，这表明绿色能源的消费量会随着经济增长而不断提高，国家经济发展总量的扩大和发展质量的提升都会促进绿色能源的发展。并且，绿色能源消费与经济增长、产业结构与城镇化水平等因素之间存在长期均衡关系。

第九章

结论与政策建议

本章总结概括全书的研究结论，并且在总结美国、日本、德国等发达国家绿色能源产业成功经验的基础之上，再结合对中国绿色能源产业发展的实证分析，提出相关的政策建议。

第一节 结论

本研究的主要结论如下：

第一，通过对中国绿色能源产业政策的梳理得出两个结论：（1）中国绿色能源产业政策中涉及宏观规划的文本太多，微观类文本太少。在统计的所有的产业政策中，仅有五分之一的产业政策有具体的执行路径与数字标准，其余的都是宏观层面目标规划类政策；（2）在所有的产业政策文本中，财政投资补助与上网电价补贴类政策数量很多，而税收优惠类政策相比之下少了很多。

第二，通过使用面板数据模型对绿色能源企业影响因素进行分析后发现：企业所获得的财政补贴对企业效益的促进作用并不明显；企业投资对企业效益的影响效果显著，企业投资数量的提升提高了企业经营效益；研发支出对企业效益的影响呈正相关，企业研发投入显著促进了企业的经营效益；劳动力投入对企业效益的影响也是呈正相关，且在5%显著性水平下显著；企业融资因素对企业效益的促进作用不显著。然后通过企业经营类别异质性分析发现，财政补贴仅对太阳能企业具有显著的正向影响作用，而对风能企业的影响作用并不显著；企业融资仅对风能企业具有显著的正向影响作用，而对太阳能企业的影响作用并不明显；其他影响因素对企业效益影响作用的实证结果与总样本分析结果相同。

第三，通过对问卷数据的总结得出：（1）许多人关注能源问题，但关注程度有待提高。（2）人们具有一定的能源知识，并了解化石能源将产生环境污染，但是对中国能源状况的了解水平仍然很低，这意味着公众需要进一步加深对基本能源知识的了解。（3）多数人具有能源安全意识，并担心未来的能源供应，并且相当多的人认为未来的能源供应紧张并且愿意接受电价上涨。（4）大多数民众关心电价，并且相当多的人认为电价过高。（5）民众具有极强的环保意识，大力支持绿色能源的发展。大多数民众的社会责任感也比较强，为了保护环境，降低环境污染的程度，宁愿多承担部分用电成本也支持绿色能源发电的发展。（6）公众高度支持核能发展，可以合理地看待核能问题，而核能安全问题是影响公众对核能态度的重要因素。

第四，人口统计学特征、教育水平及能源知识、环保意识等因素对民众支付意愿的影响随着能源类型的不同而产生了差异性。对于可再生能源来讲，女性支持的概率较高，而对于核能则男性支持概率更高。年龄对两种能源的影响作用一致，随着民众年龄的上升，民众支持绿色能源的概率是下降的。收入因素对两种能源的影响结果也是一致的，随着收入的提高，民众对可再生能源和核能的支持概率都会上升。受教育程度与能源知识均对民众可再生能源的支付意愿有正向促进作用，但是受教育程度因素对核能支付意愿的影响并不显著。拥有环保意识会提高民众对可再生能源的支付意愿，而对于核能来说这一因素的影响并不显著。

第五，经济增长对绿色能源消费的影响趋势呈向右上倾斜的"N"字形，没有出现拐点，这表明绿色能源的消费量会随着经济增长而不断提高，经济发展总量的扩大和发展质量的提升都会促进绿色能源的发展。绿色能源消费、经济增长、产业结构与城镇化水平之间存在长期均衡关系，并且城镇化水平对绿色能源消费的影响程度最大，经济增长次之，产业结构最低。经济增长在长期内会促进绿色能源的发展，但是绿色能源消费只在短期内对经济增长具有积极影响，在长期内影响力度较小；城镇化水平对绿色能源消费的影响具有滞后性。在短期内，城镇化水平对绿色能源消费具有抑制作用，在长期内则会产生促进作用；产业结构在长期内对绿色能源消费影响力度很多，在短期内则呈现出先促进后抑制的关系。

第二节　政策建议

一、完善绿色能源产业财税政策

（一）完善财政政策

1. 明确补贴范围

政府财政补贴的重点应该放在绿色能源产业发展的薄弱环节，建议在对技术投入的财政补贴中也要区分资金投放的重点和主次，要坚持补贴高端的原则。财政补贴要投入在产业发展的初期，对于长期的发展还是应该遵循市场化运营的原则，并且财政补贴要逐渐地淡出产业生产过程，对消费市场适度补贴，能够鼓励消费者对新能源产品的消耗，在终端市场形成对传统能源的替代。

政府对绿色能源的生产环节投入适当的补贴是合理的，因为生产环节中的研发活动具有外溢性，研发补助会提高企业的创新能力与技术革新，企业会降低生产的成本，减少环境污染，并且能提高产品的质量，扩大企业的市场竞争力。但是应该禁止政府对绿色能源产业生产环节给予不当补贴，包括税收优惠、土地补贴、财政支持等，目前我国光伏产业的产能过剩很重要的一个原因就是政府对光伏产业的补贴过多，造成了资源的浪费和产能的过剩。因此，整个绿色能源产业都应该以提高产品质量为导向，强化技术研发，逐步去除不合理的政府补贴。

2. 扩大可再生能源发展基金规模

首先，应该以法律的形式明确规定可再生能源发展基金的来源途径以及标准。中国《可再生能源法》中第24条规定了可再生能源基金由国家财政年度安排的专项资金和可再生能源电价附加收入等组成，但在实际执行过程中，可再生能源电价附加收入是可再生能源基金的主要来源。虽然国家对可再生能源基金的来源做了规定，但是我国可再生能源电价附加收入的具体标准并没有得到法律的明确规定，影响了可再生能源基金的发展。鉴于此，应学习美国对可再生能源发展基金的立法经验，对可再生能源发展基金电力附加的具体标准做出明确的规定，确保基金有充足的资金来源。

其次，我国是一个面积大，各地发展不均衡的国家，各省、自治区、直辖市在化石能源储备、风光水等资源禀赋、人口密度、技术先进程度等各个方面有很大的差异。又由于发展可再生能源是一项涉及方方面面的复杂工程，因此，在操作过程中仅靠国家一刀切的统一管理，效果必然不会理想，所以应积极推动地方政府根据本地区的实际情况，在中央相关规定的基础上因地制宜地制定绿色能源发展的规划与地方性法律法规。

再次，应建立可再生能源发展基金项目审查与监督制度。在基金资金发放前，应对申请基金资助的项目进行严格审查。项目名称、项目内容、项目创新性、项目的成本与收益等方面都是应该审查的内容，只有当项目对可再生能源的技术进步有明显的推动作用时，才对项目发放基金资助。在项目审批通过之后，项目实施单位要按时提交详细的建设报告，包括项目实际运行的成本和收益、项目是否达到申请时所设下的目标，另外也要说明资金使用情况，对项目未来的发展绩效进行监督。

最后，要对消费者进行可再生能源发展的普及与教育。国外很多国家都将可再生能源发展基金中的一部分拿出来用于发展可再生能源消费者教育营销计划，致力于提高消费者对可再生能源的认识和了解。我国可以学习国外的成功经验，在立法中明确规定将部分可再生能源发展基金用于提高消费者对可再生能源发展的认识与消费的积极性。在实际操作中应加强几个方面：大力发挥村委会与党员干部的模范先锋作用，提高农村地区居民对可再生能源的认识以及发展可再生能源对国家和社会的重大意义；充分利用目前先进的网络技术，大力通过手机、电视等媒体与自媒体对广大观众进行发展可再生能源意义的普及，逐步提高民众对可再生能源的认识；成立专门的管理机构，制订可行的消费者教育计划，并对其进行管理与监督。

3. 加强政府采购

与直接补贴消费者相比，政府大力推进采购绿色能源产品更加简便、有效地缩短了绿色能源产品从生产到销售的距离。绿色能源代表的是一种绿色消费模式，政府的大规模采购对社会消费会起到良好的示范带动作用。为使财政资金在政府采购的过程中得到更有效的利用，需要不断地完善政府采购制度。

（二）完善税收政策

在之前章节对美国、日本、德国税收优惠政策的阐述中可知国外发达国家有如下几种成功经验：新能源产业的发展历经了"前生产—生产—市场化—消费"四大环节，税收政策即大力支持可再生能源的技术研发，又重视生产的政策环境，另外也同样鼓励对可再生能源产品的消费与使用。因此，我国也应从这四个方面入手，构建可以覆盖可再生能源发展全环节的税收优惠体系。西方国家在通过税收政策促进可再生能源研究、开发消费的同时，也抑制了传统能源消费需求，即采取对可再生能源的鼓励政策与对传统能源的约束政策相结合。除了对可再生能源的发展采取直接减免税收的方式外，西方国家也采取了加速折旧、税收抵免等间接型优惠政策，这也应成为我国可再生能源税后优惠政策的发展方向。最后以美国为代表的发达国家通过法律手段将可再生能源税后优惠政策给予规范化、制度化，在法律条文中对相关税收优惠政策进行了详细规定。

在借鉴国外成功经验的基础上，对我国绿色能源税收政策的具体建议为：

首先在个人所得税方面，一是应该对绿色能源产业的个人所得税进行更加合理的规划，降低行业内工作人员的个人所得税，尤其对绿色能源产业技术研发人员采取免除个人所得税的激励性政策。二是对于高等院校、科研院所的研究型人才以股份或者投资绿色能源产业的所得收益应免除个人所得税，加大高科技人才的资金投入，调动高科技人才在绿色能源产业方面的创新能力与研究积极性。三是为了进一步激励研究人员进行创新研发，对于研究人员通过专利转让所获得的收益同样免除个人所得税。

其次在企业所得税方面，政府应该针对绿色能源产业企业的特点，有针对性地制定企业所得税的优惠内容，进一步强化企业所得税在引导可再生能源行业发展中的重要作用。比如，对于购置可再生能源发电的设备，在一定额度内进行投资减免，当年不足抵免的，可在后续年份延续减免。此外，加大对绿色能源设备和产品研发费用的税前抵扣比例，并设置免税期间和低税率。

再次在增值税方面，目前我国针对水力发电项目享有6%的增值税优惠税率，风力发电与太阳能发电项目享有50%增值税即征即退的优惠政策。因此，将绿色能源项目的增值税税负降低，统一按6%的征收税率或者在3~5年期限内将增值税返还给可再生能源发电企业。

最后在消费税方面，为了鼓励消费者对绿色能源产品进行消费，可以设定一个绿色能源消费标准，在超过此标准之后允许个人持有购置发票向税务机关申请一定比例的退税。

二、改进绿色能源定价制度

(一) 测算合理的上网电价

合理制定可再生能源发电上网电价是促进绿色能源发展的重要组成部分，

我国目前包括风电、太阳能电力在内的上网电价的制定与调整都缺乏理论依据。从德国的经验来看，T. 格劳（T. Grau）提出了一个光伏发电上网电价的基本模型，该模型为德国光伏发电上网电价的制定提供了理论指导。我国应借鉴测算上网电价的方式，确保光伏发电乃至可再生能源发电上网电价都更加接近一个合理的水平。此外，我国各地区的光照、风量、水质条件都存在着巨大的差异，这导致了可再生能源发电的成本也都不尽相同。目前全国各地区都采用统一的上网标杆电价，这对于绿色能源的发展起到了负向作用，各地方政府可以根据当地资源禀赋与经济发展水平制定符合本地可再生能源发电的相关政策，这不仅促进了绿色能源产业的发展，也是该产业发展过程中的必然选择。

（二）实施可再生能源配给制度

上网电价属于固定电价政策的范畴，在固定电价政策之外，要向可再生能源配给制探索与转变。梁钰对固定电价政策与可再生能源配给制进行了比较，固定电价政策比价使用于可再生能源发展的早期，而配给制常用于可再生能源发展的中期①。通过我国绿色能源发展现状来看，风力发电与太阳能光伏发电、水能发电的技术成熟度较高，具备了初步市场化的条件，可以试行可再生能源配给制度。而生物质能发电、地热能发电、海洋能发电等仍处于发展的初级阶段，技术手段都不成熟，仍然需要固定电价政策进行扶持。

电力市场的市场化程度是可再生能源配给制实施的前提。2005 年我国从国外引入固定电价政策时，国内电力市场的市场化程度很低，绿色能源的发展主要是依靠政府的财政补贴。经过十几年的发展，这种以政府补贴为主要支持方式的发展模式带来了明显的弊端，政府财政负担加重、弃风弃光、绿色能源供需不匹配的问题都逐渐显现了出来。为了解决这种资源配置出现错位的问题，提高电力市场化程度，运用市场化手段成了必然选择。21 世纪以来，我国经济发展的市场化程度越来越高，其中电力市场改革也在不断推进，逐渐向竞争性市场转变。在这种背景下，引入可再生能源配给制是非常恰当的。

绿色证书强制交易机制是可再生能源配给制的配套政策，政府先设定绿色能源在总电力供应的比例，然后通过法律法规的形式对发售电企业所生产的电力中绿色能源份额做出强制性的规定，同时设置了惩罚机制，未达到政府所要求的配额比例则罚金远大于履责成本。此外，绿色证书通过市场交易

---

① 梁钰，孙竹，冯连勇. 可再生能源固定电价政策和可再生能源配额制比较分析及启示［J］. 中外能源，2018（23）：13-20.

可以平衡不同地区之间自然资源禀赋的差异性所带来的产能过剩或产能不足。绿色证书强制交易机制极大地激励了各类市场主体生产和消费绿色能源的积极性。

三、加强绿色能源产业研发

第三章中对我国绿色能源相关产业政策进行了梳理和统计，结果显示我国目前绿色能源的产业政策多数集中在生产与投资环节，针对技术研发的产业政策相对不足。第六章的实证结果表明，在绿色能源产业发展的前期，产业研发政策对企业技术创新的进步有明显的促进作用。因此，政府应该考虑在绿色能源产业的研发阶段加大投入的力度，争取在绿色能源产业的设备制造与发电端等各个环节都有技术进步并且取得知识产权，为实现绿色能源所占份额能够大幅度提高奠定技术基础。其次应该进行"产学研"的深入结合，将高等院校、科研院所等研究机构与企业进行深度合作，提高企业的技术水平，并且为企业的发展提供专业的研发人才。

（一）加大研发投入力度

绿色能源产业是资本与技术密集型产业，企业在研发过程中需要大量的实验设备、场地，以及前期的购买专利等费用投入，这对于企业来说是一笔很大的支出，如果没有充足的资金来源以及对未来预期的信心，企业很难在研发的道路上坚定地走下去。因此，有必要通过有效的政策支持企业进行技术研发，加大企业对研发的投入力度。首先，借鉴美国对绿色能源企业采取加速折旧的优惠方法，我国同样对绿色能源企业研发所用的科研高端仪器与设备进行加速折旧优惠政策，使得企业可以在固定资产的使用年限内早一些得到折旧费与减免税的税款，降低企业的研发成本。其次，为企业建立研发风险基金，基金来源为政策财政投入和从企业收入中按比例提取部分资金，并且从企业提取的部分在税前给予扣除。再次，实施增值税退税政策，对绿色能源企业在研发阶段所购置设备的增值税实行退税政策，从而减轻企业为购置设备的资金压力。最后，对研发人员实行个人所得税减免政策。

虽然政府对企业的研发补贴是有效的，但为了避免部分企业对政府补贴采取"骗补"行为，也应采取相应的措施。首先，政府对企业进行研发补贴时要对企业的所有制情况、企业规模、发展潜力等因素进行综合评审，优化研发补贴评审机制，确保政府研发补贴能发挥最大的作用。其次，政府应将企业申请的专利与具体的研发技术透明化，明确研发资金补贴的使用方向。

（二）建立绿色能源产业研发中心

政府应设立专项财政资金以扶持企业成立自己的研发中心，通过组建大型国家或地方的研发机构为企业提供试验平台，支持企业承接国家级科研项目，从而有利于为产学研协同创新、中小企业孵化、科技成果转化等创造良好的环境。另外，研发人才是企业组建研发中心的核心力量，到目前为止，绿色能源产业中除了水能发电产业外，发展历程短，高端研发人才相对缺乏。因此，完善绿色能源产业人才培养体系，提高高端研发人才所占比例就变得尤为重要。

四、强化政府与民众之间的联系

民众能源问题政策倾向的调查结果具有一定的政策参考意义，因此政府部门在进行决策和完善政策时应该注意以下方面：

第一，加强政府部门与民众的沟通，通过各种方式采取更加透明的政策，消除民众和政府之间的误解和隔阂，使得民众更加理解政府所做的工作。

第二，民众在日常生活中只比较关心电力价格，但是对整个国家的能源情况并不了解。鉴于此，政府、社会、学校众多单位机构应该加强对民众进行能源知识普及的力度，提高民众的能源知识储备。

第三，鉴于大多数民众都很关心电价，政府相关部门在采取一些电价政策，比如分时段电价时，应该及时全面地告知民众，尽可能地让更多的人了解到政府所做的电价调控工作，从而可以更好地去配合。

第四，鉴于民众在节能和价格便宜中更倾向于节能，政府应出台减税等各种政策推动商家去研发、生产节能电器。一方面可以满足消费者的需求，另一方面也为国家的节能减排做出了贡献。

第五，鉴于民众具有很强的环保意识，在面对环境污染和消费成本更倾向于选择提高消费成本而生活在一个更好的环境之中，政府应该对绿色能源投入更大的支持力度。对绿色能源进行扶持的方式可分为两种：适度提高电价和适度给予补贴，两种方式相比，给予补贴的方式更能被民众所接受。

第六，鉴于民众具有很强的环境责任感，政府应该推动绿色能源发电的进展，使得绿色能源发电在总发电量中所占的比例逐渐上升。根据问卷研究结果显示，为了扶持可再生能源电力的发展，政府可以适当提高可再生能源电力的价格或者对可再生能源发电企业进行减税，也可以双管齐下快速地促进绿色能源电力的发展。

本章小结

　　本章首先对全书进行了概括总结，得出了五个结论。然后从完善绿色能源产业财税政策、改进绿色能源定价制度、加强绿色能源产业研发、强化政府与民众之间联系四个方面进行政策建议。

参考文献

一、中文文献

（一）专著

[1] 鲍宏礼，周兴旺，王庆．产业经济学［M］．北京：中国经济出版社，2018.

[2] 波特．竞争战略：分析产业和竞争者的技巧［M］．陈小悦，译．北京：华夏出版社，1997.

[3] 崔民选，王军生，陈义和．中国能源发展报告（2013）［M］．北京：社会科学文献出版社，2013.

[4] 黄为一．可再生能源的开发利用及投融资［M］．北京：中国石化出版社，2010.

[5] 卡逊．寂静的春天［M］．吕瑞兰，译．北京：科学出版社，1979.

[6] 李平．光伏太阳能产业发展调研［M］．北京：经济管理出版社，2016.

[7] 刘建平．中国电力产业政策与产业发展［M］．北京：中国电力出版社，2006.

[8] 罗必良．新制度经济学［M］．太原：山西经济出版社，2005.

[9] 马歇尔．经济学原理［M］．刘生龙，译．南昌：江西教育出版社，2014.

[10] 庆承瑞，何祚庥．中国能源战略思考：大力发展可再生能源是中国能源发展的必由之路［M］．北京：北京师范大学出版社，2009.

[11] 世界环境与发展委员会．我们共同的未来［M］．长春：吉林人民出版社，1997.

[12] 中国气象局．中国风能资源评价报告［M］．北京：气象出版社，2006.

[13] 周东．能源经济学［M］．北京：北京大学出版社，2015.

（二）期刊论文

[1] 丁芸，胥力伟．我国新能源产业财税政策效应研究［J］．经济研究参

考，2015（38）.

[2] 窦睿音，刘学敏．中国典型资源型地区能源消耗与经济增长动态关系研究 [J]．中国人口·资源与环境，2016，26（12）.

[3] 方行明，魏静，郭丽丽．可持续发展理论的反思与重构 [J]．经济学家，2017（3）.

[4] 方行明，张焱，杨锦英，等．中国民众能源问题意向与政府政策导向：基于问卷调查研究 [J]．经济理论与经济管理，2018（10）.

[5] 韩自强，顾林生．核能的公众接受度与影响因素分析 [J]．中国人口·资源与环境，2015，25（6）.

[6] 李虹，谢明华，杜小敏．中国可再生能源补贴措施有效性研究：基于居民环境支付意愿的实证分析 [J]．财贸经济，2011（3）.

[7] 梁慧超，孙丽云，崔婷．新能源技术产业化发展的环境支撑能力实证分析：以风电产业为例 [J]．财贸研究，2017，28（2）.

[8] 林毅夫．新结构经济学：重构发展经济学的框架 [J]．经济学（季刊），2011，10（1）.

[9] 邱兆林．中国产业政策有效性的实证分析：基于工业行业的面板数据 [J]．软科学，2015，29（2）.

[10] 唐荣．产业政策促进企业价值链升级的有效性研究：来自中国制造企业微观数据的证据 [J]．当代财经，2020（2）.

[11] 王玺，李桂君．政策创新驱动新能源产业发展：关于中国风电产业税收政策研究 [J]．中国软科学，2014（12）.

[12] 王晓珍，彭志刚，高伟，等．我国风电产业政策演进与效果评价 [J]．科学学研究，2016，34（12）.

[13] 吴力波，周阳，徐呈隽．上海市居民绿色电力支付意愿研究 [J]．中国人口·资源与环境，2018，28（2）.

[14] 杨宜勇，池振合．中国能源消费与经济增长关系研究：基于误差修正模型 [J]．经济与管理研究，2009（9）.

[15] 于斌斌．产业结构调整如何提高地区能源效率：基于幅度与质量双维度的实证考察 [J]．财经研究，2017，43（1）.

[16] 赵卿．中国式产业政策对产能过剩的影响效应研究：基于中国省级面板数据的经验分析 [J]．经济与管理评论，2017，33（4）.

（三）学位论文

[1] 陈烨．创新视角下我国光伏产业发展研究 [D]．西安：西北大

学，2017.

　　［2］迟远英. 基于低碳经济视角的中国风电产业发展研究［D］. 长春：吉林大学，2008.

　　［3］李建华. 中国区域产业集聚与 FDI 的互动关系研究［D］. 长春：吉林大学，2019.

　　［4］马杰. 促进我国清洁能源发展的财税政策研究［D］. 武汉：中国地质大学，2015.

　　［5］严丹霖. 中国风电产业政策测量及效应评价研究［D］. 武汉：中国地质大学，2016.

二、英文文献

　　［1］BARBIR F. Transition to Renewable Energy Systems with Hydrogen as An Energy Carrier［J］. Energy，2008，34（3）.

　　［2］BEASON R D，WEINSTEIN D E. Growth，Economics of Scale and Targeting in Japan（1955—1990）［J］. Review of Economics and Statistics，1993，78（2）.

　　［3］BECK pW. Nuclear Energy in the Twenty-First Century：Examination of A Contentious Subject［J］. Annual Review of Energy and The Environment，1999，24（1）.

　　［4］BISCONTI A S. Communicating with Stakeholders about Nuclear Power Plant Radiation［J］. Health Physics，2011，100（1）.

　　［5］BORCHERS A M，DUKE J M，PARSONS G R. Does Willingness to Pay for Green Energy Differ by Source？［J］. Energy Policy，2007，35（6）.

　　［6］CORNER A，VENABLES D，SPENCE A，et al. Nuclear Power，Climate Change and Energy Security：Exploring British Public Attitudes［J］. Energy Policy，2011，39（9）.

　　［7］EGGERTSON B. Clear Intentions？South Africa's Transition Towards Renewable Energy［J］. Refocus，2002，3（5）.

　　［8］GOETT A A，HUDSON K，TRAIN K E. Customers' Choice Among Retail Energy Suppliers：The Willingness-To-Pay for Service Attributes［J］. The Energy Journal，2000，21（4）.

　　［9］GREENBERG M，TRUELOVE H B. Energy Choices and Risk Beliefs：Is It Just Global Warming and Fear of A Nuclear Power Plant Accident？［J］. Risk Analysis, 2011, 31 (5).

[10] GUO X R, LIU H F, MAO X Q, et al. Willingness to Pay for Renewable Electricity: A Contingent Valuation Study in Beijing, China [J]. Energy Policy, 2014, 68.

[11] KURZ H D. Innovations and Profits: Schumpeter and The Classical Heritage [J]. Journal of Economic Behavior and Organization, 2008, 67 (1).

[12] HOPPMANN J, HUENTELER J, GIROD B. Compulsive Policy-Making the Evolution of the German Feed-In Tariff System for Solar Photovoltaic Power [J]. Research Policy, 2014, 43 (8).

[13] JENNER S, GROBA F, INDVIK J. Assessing the Strength and Effectiveness of Renewable Electricity Feed-In Tariffs in European Union Countries [J]. Energy Policy, 2013, 52.

[14] KOSENIUS A K, OLLIKAINEN M. Valuation of Environmental and Societal Trade-Offs of Renewable Energy Sources [J]. Energy Policy, 2013, 62.

[15] LAM L T, BRANSTETTR L, AIEVEDO I M L. China' s Wind Industry: Leading in Deployment, Lagging in Innovation [J]. Energy Policy, 2017, 106.

[16] LEE C Y, HEO H. Estimating Willingness to Pay for Renewable Energy in South Korea Using the Contingent Valuation Method [J]. Energy Policy, 2016, 94.

[17] LIN B, CHEN Y F. Impacts of Policies on Innovation in Wind Power Technologies in China [J]. Applied Energy, 2019, 247.

[18] LIN W, GU A, WANG X, et al. Aligning Emissions Trading and Feed-In Tariffs in China [J]. Climate Policy, 2016, 16 (4).

[19] LIU W L, WANG C, ARTHUR pJ. Rural Public Acceptance of Renewable Energy Deployment: The Case of Shandong in China [J]. Applied Energy, 2013, 102.

[20] LIU Y L, KOKKO A. Wind Power in China: Policy and Development Challenges [J]. Energy Policy, 2010, 38 (10).

[21] MORIARTY P, HONNERY D. The Transition to Renewable Energy: Make Haste Slowly [J]. Environmental Science and Technology, 2011, 45 (7).

[22] NOMURA N, AKAI M. Willingness to Pay for Green Electricity in Japan as Estimated Through Contingent Valuation Method [J]. Applied Energy, 2004, 78 (4).

[23] POHL N. IndustrialRevitalization in Japan: The Role of The Government Vs

the Market [J]. Asian Business and Management, 2005, 4 (1).

[24] ROE B, TEISL M F, LEVY A, et al. US Consumers' Willingness to Pay for Green Electricity [J]. Energy Policy, 2001, 29 (11).

[25] RUSSO M V, FOUTS P. A Resource-Based Perspective on Corporate Environmental Performance and Profitability [J]. Academy of Management Journal, 1997, 19.

[26] RYAN A J, DONOU-ADONSOU F, CALKINS L N. Subsidizing the Sun: The Impact of State Policies on Electricity Generated from Solar Photovoltaic [J]. Economic Analysis and Policy, 2019, 63.

[27] SCARPA R, WILLIS K. Willingness-To-Pay for Renewable Energy: Primary and Discretionary Choice of British Households' for Micro-Generation Technologie [J]. Energy Economics, 2009, 32 (1).

[28] TAHVONEN O, SALO S. Economic Growth and Transitions Between Renewable and Nonrenewable Energy Resources [J]. European Economic Review, 2001, 45 (8).

[29] YOO S H, KWAK S Y. Willingness to Pay for Green Electricity in Korea: A Contingent Valuation Study [J]. Energy Policy, 2009, 37 (12).

[30] ZARNIKAU J. Consumer Demand for "Green Power" and Energy Efficiency [J]. Energy Policy, 2003, 31 (15).

[31] ZHANG L, YANG W. Market Segmentation and Willingness to Pay for Green Electricity Among Urban Residents in China: The Case of Jiangsu Province [J]. Energy Policy, 2012, 51.

附 录

附录1：调查问卷

尊敬的受访者：您好！

感谢您参加本问卷调查。本调查关系到您的切身利益，您的意愿可能会影响国家经济政策的制定。本次调查旨在全面了解社会公众对有关能源问题的了解程度及政策倾向，为政府决策提供参考。请您按照您的实际情况和想法作答。对您所提供的信息，我们将依照《统计法》严格保密。您的合作对科学研究和公共决策都有重要意义，感谢您的贡献！

重要填写指导：

1. 选择题只选一个答案，在选中的答案中画圈即可。

2. 问题无所谓对错，请受访者独立填写，不要与他人讨论；当你觉得所提的问题难以回答时，就选择回答"不清楚"即可。

A 部分：基本情况

A1. 性别：1. 男　2. 女

A2. 请问您的出生年月？［请填阳历］_____年_____月

A3. 您的民族是：_____族

A4. 您现在的户口性质是：

1. 非农业户口　　2. 农业户口　　3. 其他户口

A5. 您的家庭所在地是：

_____省（自治区、直辖市）_____市（地区、州、盟）_____县（县级市、区、旗）

A6. 您家居住的地方属于：

1. 农村　2. 乡村集镇　3. 县城　4. 县级市　5 地级市　6. 省城、直辖市

A7. 您家庭的人口数：_____人

A8. 请估计一下，去年您家全年总收入（税后）大约有多少元？（包括农产品、工资、奖金、补贴、分红、股息、保险、退休金、经营性纯收入、银行利息、馈赠等所有收入在内）

a. 1 万元以下　 b. 1 万~2 万元　 c. 2 万~5 万元　 d. 5 万~10 万元

e. 10 万~20 万元　 f. 20 万~30 万元　 g. 30 万~50 万元　 h. 50 万~100 万元

i. 100 万~200 万元　 j. 200 万~500 万元　 k. 500 万元以上

A9. 如果将当地的家庭按经济收入划分为五个层次，您认为自己的家庭属于：

1. 上层　　 2. 中上层　　 3. 中层　　 4. 中下层　　 5 下层

A10. 您最后的学历：

1. 未受过正式教育　　 2. 小学　　 3. 初中　　 4. 高中　　 5. 职高/技校

6. 中专　　 7. 大专　　 8. 本科　　 9. 研究生及以上

10. 其它（请说明：_____）

A11. 您所学的专业：

1. 经济学　　 2. 管理学　　 3. 其他社会科学　　 4. 理科　　 5. 工科

6. 医学　　 7. 农学　　 8. 其他

A12. 您现在的职业状况是：

1. 在职　　 2. 学生　　 3. 退休

A13. 从事最长的职业选项：

1. 农民　　 2. 产业工人　　 3. 一般技术员/技术工人

4. 专业技术人员（如教师、医生、工程师等）　　 5. 销售及服务行业人员

6. 一般办事人员　　 7. 中小学及幼儿园教师　　 8. 大学教师

9. 新闻、文艺、体育工作者　　 10. 企业、事业单位中高层管理人员

11. 机关干部（正科及以下）　　 12. 机关干部（副处及以上）

13. 个体户　　 14. 私营企业主　　 15. 军人　　 16. 一直无业（学生）

B 部分：问卷

B1-1. 您关心能源问题吗？

　　　 1. 关心　　 2. 有点关心　　 3. 不太关心　　 4. 不关心

B1-2. 您学的专业或从事的工作是否与能源有关？

　　　 1. 是　　 2. 否

B1-3. 您学的专业或从事的工作是否与煤炭有关?

　　　1. 是　　　　2. 否

B2-1. 中国使用最多的能源是:

　　　1. 石油　　　2. 煤炭　　　3. 水能　　　4. 风能　　　5. 不了解

B2-2. 煤炭是:

　　　1. 可再生能源　　　　2. 不可再生能源　　　　3. 不了解

B2-3. 煤炭的使用会产生污染吗?

　　　1. 会　　　　2. 不会　　　　3. 不清楚

B2-4. 煤炭和石油的使用会增加大气中的二氧化碳吗?

　　　1. 会　　　　2. 不会　　　　3. 不清楚

B2-5. 中国目前煤炭的供求状况是:

　　　1. 产能过剩　　　　2. 产能不足　　　　3. 供求平衡　　　　4. 不清楚

B2-6. 中国煤炭和石油进出口情况:

　　　1. 大量出口　　　　2. 大量进口　　　　3. 进出口平衡　　　　4. 不清楚

B2-7. 在全国的发电量中，哪一种占比最大?

　　　1. 火电　　2. 水电　　3. 风电　　4. 核电　　5. 其他　　6. 不清楚

B3-1. 煤炭与你的生活有多大关系?

　　　1. 关系极大　　　2. 有点关系　　　3. 没什么关系　　　4. 说不清楚

B3-2. 您认为中国是否存在能源安全问题?

　　　1. 存在　　　　2. 不存在　　　　3. 不清楚

B3-3. 您对未来中国能源供给形势的看法:

　　　1. 乐观　　2. 悲观　　3. 有挑战，但还是能应对　　4. 不清楚

B3-4. 您对目前能源供应情况感到满意吗?

　　　1. 满意　　2. 比较满意　　3. 说不清楚　　4. 不太满意　　5. 不满意

B3-5. 您认为国家是否还应加大对能源领域的投资?

　　　1. 需要　　　2. 不需要　　　3. 不清楚

B3-6. 您认为中国应大力发展哪种能源?

　　　1. 煤炭　　2. 石油　　3. 天然气　　4. 核能　　5. 可再生能源

B3-7. 您对气候变化、环境等问题关心吗?

　　　1. 关心　　　2. 有点关心　　　3. 不太关心　　　4. 不关心

B3-8. 如果关心，您认为解决气候变化及环境问题是谁的责任?

　　　1. 政府　　　2. 企业　　　3. 人人有责

　　　4. 其他（请注明：_____）

B3-9. 您认为解决气候变化及环境问题最有效的途径是什么？

    1. 税收   2. 碳/污染物交易机制   3. 行政管制

    4. 其他（请注明：_____）   5. 不清楚

B4-1. 您是否关心电价？

    1. 关心   2. 有点关心   3. 不太关心   4. 不关心

B4-2. 您认为目前的电价是否合理？

    1. 电价过高   2. 电价偏低   3. 很合适   4. 说不清楚

B4-3. 您觉得每月的电费对你生活产生了负担吗？

    1. 产生很大负担   2. 有点负担   3. 能承受得起   4. 没有负担

B4-4. 您觉得未来电价还会上涨吗？

    1. 一定会上涨   2. 不会上涨   3. 下降   4. 说不清楚

B4-5. 您是否担忧电价会上涨？

    1. 很担忧   2. 有点担忧   3. 没担忧

B4-6. 实际上从长期来看，能源供给会出现紧张，那么未来电价上涨您能否接受？

    1. 能接受   2. 不能接受   3. 说不清楚

B4-7. 您的电费平均每月大约是多少？

    a. 20 元以下   b. 20~50 元   c. 50~100 元   d. 100~200 元

    e. 200 以上   f. 不清楚

B4-8. 您对居民用电的计价方式了解吗？

    1. 很了解   2. 了解，但不多   3. 不了解

B4-9. 以下居民用电计价方式中，您更倾向于哪种？

    1. "一刀切"电价   2. 累进式阶梯电价   3. 峰谷电价

    4. 实时电价   5. 不清楚

B4-10. 您对自己每月的用电量是否有大致的了解？

    1. 是   2. 否

B4-11. 如果电价在现有基础上提高，您会刻意控制用电量吗？

    1. 会   2. 不会

B4-12. 您知道智能电表吗？

    1. 知道   2. 不知道

B4-13. 如果每天的不同时段里居民用电的单价不一样，您会因电价的不同调整用电时间吗？

    1. 会   2. 不会

B4-14. 在价格偏低的普通家电和价格偏高的节能家电之间，您更倾向于哪种？

    1. 普通家电   2. 节能家电   3. 说不清楚

B4-15. 影响您对上题做出选择的主要因素是哪个？

    1. 两种家电之间的价格差   2. 该种家电的用电量

    3. 家电本身的贵重程度   4. 电价高度

    5. 其他（请注明：_____）   6. 不清楚

B4-16. 在大件家用电器中，您会考虑将现有的普通家电换成智能型节能家电吗？

    1. 会   2. 不会

B4-17. 影响您对上题做出选择的主要因素是什么？

    1. 现有家电的自然寿命及已经使用的时间

    2. 该种家电的价格

    3. 该种家电的耗电量

    4. 政府对节能电器的补贴力度

    5. 自己的收入水平

    6. 其他（请注明：_____）

B4-18. 如果可以选择售电商，在供电质量都有保证的前提下，您更倾向于选择以下哪种？

    1. 电网公司   2. 发电公司   3. 其他零售商   4. 不确定

B4-19. 如果可以选择售电商，在供电质量有所区别的前提下，您更倾向于选择以下哪种？

    1. 价格偏高但供电稳定的大公司

    2. 价格偏低但供电相对不稳定的小公司   3. 不确定

B4-20. 您听说过分布式发电吗？

    1. 听说过   2. 没听说

B4-21. 您支持可再生能源的发展吗？

    1. 支持   2. 不支持

B4-22. 如果支持，您会为可再生能源发的电支付一个更高的单价吗？

    1. 会   2. 不会

B4-23. 如果会，跟煤炭发的电相比，您愿意为每度可再生能源发的电多支付多少钱？

    a. 1 分以下   b. 1~5 分   c. 5~10 分   d. 10 分以上

B4-24. 影响您做出以上选择的因素主要包括哪三项？

    1. 家庭收入水平   2. 单位电价   3. 社会责任感

    4. 邻居/朋友的影响   5. 对环境的关心

    6. 其他（请注明：_____）

B5-1. 您担心核能的安全吗？

    1 非常担心   2. 有点担心   3. 不担心   4. 不清楚

B5-2. 在当前情况下，中国还需要发展核能吗？

    1. 需要大力发展   2. 需要适度发展   3. 需要严格限制

    4. 不能发展   5. 不清楚

B5-3. 如果您反对核能，您的理由是：

    1. 核泄漏   2. 核废料难处理   3. 核能耗水量太大会加剧用水紧张

    4. 建核电厂太贵   5. 其他（请说明原因：_____）

B5-4. 煤炭和石油的使用要产生大量污染，如粉尘、二氧化碳、二氧化硫等，而核能则没有这些污染，您认为：

    1. 宁可产生污染也不能发展核能

    2. 核能是清洁能源，为了减少污染，保护环境，还是应该发展核能

    3. 不清楚

B5-5. 如果不发展核能，就会造成电价上涨，那您认为：

    1. 宁可电价上涨，也不能发展核能

    2. 考虑到电价上涨给我们带来的负担，还是应发展核能

    3. 不清楚

附录2：中国2000年——2019年绿色能源产业政策

序号	发布时间	发布单位	发布政策
1	2000 年 12 月	国家经济贸易委员会	《"国债风电"项目实施方案》
2	2000 年 1 月	国家经济贸易委员会	《关于加快风力发电技术装备国产化的指导意见》
3	2001 年 10 月	国家经济贸易委员会	关于印发《新能源和可再生能源产业发展"十五"规划》的通知
4	2003 年 9 月	国家发展改革委	《风电特许权项目前期工作管理办法》
5	2005 年 2 月	全国人大常委会	《中华人民共和国可再生能源法》

序号	发布时间	发布单位	发布政策
6	2005 年 3 月	国家发展改革委、国家电力监管委员会	《上网电价管理暂行办法》
7	2005 年 4 月	国家发展改革委	《关于组织实施可再生能源和新能源高技术产业化专项的通知》
8	2005 年 7 月	国家发展改革委	《关于风电建设管理有关要求的通知》
9	2005 年 8 月	国家发展改革委	《关于加快风电设备本地化有关意见的通知》
10	2005 年 11 月	国家发展改革委	《可再生能源产业发展指导目录》
11	2006 年 1 月	国家发展改革委	《可再生能源发电有关管理规定》
12	2006 年 1 月	国家发展改革委	《可再生能源发电价格和费用分摊管理试行方法》
13	2006 年 9 月	财政部、住房和城乡建设部	《可再生能源建筑应用专项资金管理暂行办法》
15	2006 年 9 月	财政部、国家发展改革委	《关于发展生物能源和生物化工财税扶持政策的实施意见》
16	2006 年 11 月	国家发展改革委	《促进风电产业发展实施意见》
17	2006 年 12 月	国家发展改革委、财政部	《关于加强生物燃料乙醇项目建设管理，促进产业健康发展的通知》
18	2007 年 1 月	国家发展改革委	《可再生能源电价附加收入调配暂行办法》
19	2007 年 1 月	财政部、国家发展改革委、国家税务总局	《关于落实国务院加快振兴装备制造业的若干意见有关进口税收政策的通知》
20	2007 年 7 月	财政部	《生物能源和生物化工非粮引导奖励资金管理暂行办法》
21	2007 年 7 月	国家电力监管委员会	《电网企业全额收购可再生能源电量监管办法》
22	2007 年 8 月	国家发展改革委	《关于印发可再生能源中长期发展规划的通知》

续表

序号	发布时间	发布单位	发布政策
14	2007 年 9 月	国家发展改革委、国家电力监管委员会	《可再生能源电价补贴和配额交易方案的通知》
23	2007 年 9 月	财政部	《生物能源和生物化工原料基地补贴资金管理暂行办法》
24	2007 年 9 月	国家发展改革委	《可再生能源中长期规划》
25	2007 年 12 月	国务院	《企业所得税法实施条例》
26	2008 年 8 月	财政部	《风力发电设备产业化专项资金管理暂行办法》
27	2008 年 4 月	财政部	《财政部关于调整大公里风电发电机组及其关键零部件、原材料进口税收政策的通知》
28	2008 年 3 月	国家发展改革委	《国家发展和改革委印发可再生能源发展"十一五"规划的通知》
29	2008 年 7 月	国家发展改革委、国家电力监管委员会	《2008 年 7—12 月可再生能源电价补贴和配额交易方案的通知》
30	2008 年 9 月	财政部、国家税务总局、国家发展改革委	《关于公布公共基础设施项目企业所得税优惠目录（2008 年版）的通知》
31	2008 年 10 月	财政部	《秸秆能源化利用补助资金管理暂行办法》
32	2008 年 12 月	国家税务总局、财政部	《关于资源综合利用及其他产品增值税政策的通知》
33	2009 年 2 月	国家发展改革委、农业农村部	《关于编制秸秆综合利用规划的指导意见》
34	2009 年 3 月	财政部、住房和城乡建设部	《太阳能光电建筑应用财政补助资金管理暂行办法》
35	2009 年 3 月	财政部、住房和城乡建设部	《关于加快推进太阳能光电建筑应用的实施意见》
36	2009 年 3 月	财政部	《太阳能光电建筑应用财政补贴资金管理暂行办法》

续表

序号	发布时间	发布单位	发布政策
37	2009 年 3 月	财政部、住房和城乡建设部	《可再生能源建筑应用城市示范实施方案》
38	2009 年 6 月	国务院	《促进生物产业加快发展若干政策的通知》
39	2009 年 7 月	国家发展改革委	《关于完善风力发电上网电价政策的通知》
40	2009 年 7 月	财政部、科技部和国家能源局	《金太阳示范工程财政补助资金管理暂行办法》
41	2009 年 12 月	国务院关税税则委员会	《2010 年关税实施方案》
42	2010 年 1 月	国家能源局、国家海洋局	关于印发《海上风电开发建设管理暂行办法》的通知
43	2010 年 7 月	国家发展改革委	《关于完善农林生物质发电价格政策的通知》
44	2010 年 8 月	国家发展改革委	《关于生物质发电项目建设管理的通知》
45	2010 年 9 月	财政部、科技部、住房和城乡建设部、国家能源局	《关于加强金太阳示范工程和太阳能光电建筑应用示范工程建设管理的通知》
46	2010 年 12 月	国家发展改革委	《关于印发促进风电装备产业健康有序发展若干意见的通知》
47	2011 年 5 月	国家能源局	《国家能源局关于印发风电信息管理暂行办法的通知》
48	2011 年 7 月	国家能源局、国家海洋局	《关于印发海上风电开发建设管理实施细则的通知》
49	2011 年 7 月	国家发展改革委	《关于完善太阳能光伏发电上网电价政策的通知》
50	2011 年 8 月	国家能源局	《关于印发风电开发建设管理暂行办法的通知》

序号	发布时间	发布单位	发布政策
51	2011 年 8 月	财政部、住房和城乡建设部	《关于加强太阳能光电建筑应用示范后续工作管理的通知》
52	2011 年 11 月	财政部	《关于组织 2012 年度可再生能源建筑应用相关示范工作的通知》
53	2012 年 3 月	国家发展改革委	《关于完善垃圾焚烧发电价格政策的通知》
54	2012 年 3 月	财政部、国家发展改革委、国家能源局	《可再生能源电价附加补助资金管理暂行办法》
55	2012 年 9 月	国家能源局	《关于申报分布式光伏发电规模化应用示范区的通知》
56	2012 年 11 月	财政部、住房和城乡建设部、国家能源局	《关于组织申报金太阳和光电建筑应用示范项目的通知》
57	2013 年 2 月	财政部、国家发展改革委、国家能源局	《关于可再生能源电价附加资金补助目录（第四批）的通知》
58	2013 年 7 月	国务院	《关于促进光伏产业健康发展的若干意见》
59	2013 年 8 月	财政部	《关于分布式光伏发电实行按照电量补贴政策等有关问题的通知》
60	2013 年 8 月	国家能源局	《关于开展分布式光伏发电应用示范区建设的通知》
61	2013 年 9 月	财政部、国家发展改革委、国家能源局	《关于预拨可再生能源电价附加补助资金的通知》
62	2013 年 9 月	财政部、国家税务总局	《光伏发电增值税政策的通知》
63	2013 年 9 月	国家发展改革委	《关于发挥价格杠杆作用促进光伏产业健康发展的通知》
64	2013 年 9 月	国家发展改革委	《关于调整可再生能源电价附加标准与环保电价有关事项的通知》

续表

序号	发布时间	发布单位	发布政策
65	2014 年 1 月	国家能源局	《关于加强风电项目核准计划管理有关工作的通知》
66	2014 年 6 月	国务院	《关于印发能源发展战略行动计划（2014—2020 年）的通知》
67	2014 年 6 月	国家发展改革委	《关于海上风电上网电价政策的通知》
68	2014 年 7 月	国家能源局	《关于加强风电项目开发建设管理有关要求的通知》
69	2014 年 8 月	财政部、国家发展改革委、国家能源局	《关于公布可再生能源电价附加资金补助目录（第五批）的通知》
70	2014 年 9 月	国家能源局	《关于规范风电设备市场秩序有关要求的通知》
71	2014 年 9 月	国家能源局	《关于进一步落实分布式光伏发电有关政策的通知》
72	2014 年 12 月	国家能源局	《关于印发全国海上风电开发建设方案（2014—2016）的通知》
73	2014 年 12 月	国家发展改革委	《关于适当调整陆上风电标杆上网电价的通知》
74	2015 年 3 月	国家发展改革委、国家能源局	《关于改善电力运行 调节促进清洁能源多发满发的指导意见》
75	2015 年 4 月	财政部	《可再生能源发展专项资金管理暂行办法》
76	2015 年 6 月	财政部、国家税务总局	《关于风力发电增值税政策的通知》
77	2015 年 9 月	国家发展改革委、自然资源部、住房和城乡建设部等	《关于支持新产业新业态发展促进大众创业万众创新用地的意见》
78	2015 年 10 月	国家发展改革委	《关于开展可再生能源就近消纳试点的意见》

续表

序号	发布时间	发布单位	发布政策
79	2015 年 12 月	国家发展改革委	《关于完善陆上风电光伏发电上网标杆电价政策的通知》
80	2016 年 2 月	国家能源局	《关于建立可再生能源开发利用目标引导制度的指导意见》
81	2016 年 2 月	国家能源局	《关于做好"三北"地区可再生能源消纳工作的通知》
82	2016 年 3 月	国家发展改革委	《可再生能源发电全额保障性收购管理办法》
83	2016 年 3 月	国家发展改革委、国家能源局、国家开发银行等	《关于实施光伏发电扶贫工作的意见》
84	2016 年 5 月	国家发展改革委	《关于做好风电、光伏发电全额保障性收购管理工作的通知》
85	2016 年 5 月	国家能源局	《关于印发光伏扶贫实施方案编制大纲的通知》
86	2016 年 7 月	全国人大常委会	《中华人民共和国节约能源法》
87	2016 年 11 月	国家能源局	《风电发展"十三五"规划》
88	2017 年 1 月	国家发展改革委、财政部、国家能源局	《关于实施可再生能源绿色能源证书核发及自愿认购交易机制的通知》
89	2017 年 2 月	国家能源局	《国家能源局关于发布 2017 年度风电投资监测预警结果的通知》
90	2017 年 4 月	财政部、国家发展改革委、国家能源局	《关于开展可再生能源电价附加补助资金清算工作的通知》
91	2017 年 5 月	国家能源局	《关于开展风能平价上网示范工作的通知》
92	2017 年 7 月	国家能源局	《国家能源局关于可再生能源发展"十三五规划"实施的指导意见》

续表

序号	发布时间	发布单位	发布政策
93	2017 年 8 月	国家能源局	《关于公布风电平价上网示范项目的通知》
94	2017 年 9 月	国家能源局	《关于推进光伏发电"领跑者"计划实施和 2017 领跑基地建设有关要求的通知》
95	2017 年 11 月	国家能源局	《关于开展分布式发电市场化交易试点的通知》
96	2017 年 12 月	国家发展改革委	《关于 2018 年光伏发电项目价格政策的通知》
97	2017 年 12 月	国家能源局	《关于建立市场环境监测评价机制引导光伏产业健康有序发展的通知》
98	2018 年 3 月	国家能源局	《关于印发 2018 年能源工作指导意见的通知》
99	2018 年 3 月	国家能源局	《可再生能源电力配额及考核办法（征求意见稿）》
100	2018 年 4 月	国家能源局	《关于减轻可再生能源领域企业负担有关事项的通知》
101	2018 年 4 月	国家能源局	《分散式风电项目开发建设暂行管理办法》
102	2018 年 5 月	国家能源局	《关于进一步促进发电权交易有关工作的通知》
103	2018 年 5 月	国家能源局	《关于 2018 年度风电建设管理有关要求的通知》
104	2018 年 7 月	国务院	《打赢蓝天保卫战三年行动计划》
105	2018 年 7 月	国家发展改革委、国家能源局	《关于积极推进电力市场化交易进一步完善交易机制的通知》
106	2018 年 10 月	国家能源局	《征求〈关于实行可再生能源电力配额制的通知〉意见的函》

序号	发布时间	发布单位	发布政策
107	2018 年 11 月	国家发展改革委、国家能源局	《清洁能源消纳行动计划（2018—2020）》
108	2019 年 1 月	国家发展改革委、国家能源局	《关于积极推进风电、光伏发电无补贴平价上网有关工作的通知》
109	2019 年 2 月	国家发展改革委、国家能源局	《关于印发〈绿色产业指导目录（2019年版）〉的通知》

后 记

本书是在我的博士毕业论文的基础上修改而成的。在整个研究过程中，我致力于深入探讨中国绿色能源产业的发展现状、存在的问题以及未来的发展趋势。通过对企业、民众和宏观层面的实证分析，我发现中国绿色能源产业在技术创新、市场竞争和可持续性方面面临着一系列的挑战。企业在逐利和绿色目标之间的平衡、民众对绿色能源认知的不足以及宏观政策的调整需要是我们需要共同思考和解决的问题。同时，我深刻体会到中国绿色能源产业的发展不仅仅是企业的责任，也需要政府、学术界和民众的共同努力。因此，我提出了一些建议，包括加强政策引导、促进技术创新、提高民众对绿色能源的认知等方面的建议，以期在全社会形成共识，推动中国绿色能源产业的可持续发展。

但本书仍存在着两点不足，也请大家批评指正。第一，绿色能源产业是个涉及范围非常广泛的领域，每种能源在资源禀赋、技术水平及扶持力度等方面都存在着差异性，而本书侧重点在绿色能源产业这个"面"上，并未对所有能源逐一进行深入分析。第二，数据库中企业数量较少，被选中的样本企业不一定能够完全代表整个产业。但是我相信这本书的研究仍然为理解中国绿色能源产业提供了有价值的信息。这本书只是开始，未来我期待更多的学者和从业者能够加入中国绿色能源产业的研究和发展中，共同促进行业的可持续发展。

最后，我要感谢我的导师方行明教授。在学术上，方老师是一位治学严谨、学识渊博、工作勤奋的学者；在生活上，方老师是一位热爱生活、喜好运动、关心学生的好老师。在博士论文的选题、大纲、开题以及撰写过程中导师均给予了指导和帮助，让我深刻理解了研究的方向和主题。在写作过程中遇到困难时，导师的鼓励和支持让我有了坚持下来的动力。感谢参与调查的民众和协助收集数据的朋友，没有你们的合作与支持，这本书也就无法顺利成稿。还要感谢四川师范大学人文社科处的经费资助和光明日报出版社的编辑校对，正是由于你们的支持和帮助，本书才能够顺利出版。

张 焱

2024 年 1 月